David Boyle

O PEQUENO LIVRO DO DINHEIRO

Uma Visão Instigante do Modo como o Dinheiro Funciona

Tradução
GILSON CÉSAR CARDOSO DE SOUSA

EDITORA CULTRIX
São Paulo

Título original: *The Little Money Book.*

Copyright © 2003 Alastair Sawday Publishing Co., Ltd.

Ilustrações © Zedcor Inc.

Todos os direitos reservados. Nenhuma parte deste livro pode ser reproduzida ou usada de qualquer forma ou por qualquer meio, eletrônico ou mecânico, inclusive fotocópias, gravações ou sistema de armazenamento em banco de dados, sem permissão por escrito, exceto nos casos de trechos curtos citados em resenhas críticas ou artigos de revistas.

As informações e conselhos contidos neste livro foram cuidadosamente avaliados e testados pelo autor, pela Editora e seus encarregados. No entanto, o autor e, respectivamente, a Editora e seus encarregados não se responsabilizam por danos pessoais, materiais e patrimoniais.

A Editora Pensamento-Cultrix Ltda. não se responsabiliza por eventuais mudanças ocorridas nos endereços convencionais ou eletrônicos citados neste livro.

Dados Internacionais de Catalogação na Publicação (CIP)
(Câmara Brasileira do Livro, SP, Brasil)

Boyle, David, 1958-
    O pequeno livro do dinheiro : uma visão instigante do modo como o dinheiro funciona / David Boyle ; tradução Gilson César Cardoso de Sousa. -- São Paulo : Cultrix, 2005.

    Título original: The little money book.
    ISBN 85-316-0906-2

    1. Dinheiro 2. Economia - Aspectos psicológicos 3. Economia - Aspectos sociológicos 4. Economia - Obras de divulgação 5. Finanças pessoais 6. Orçamentos pessoais I. Título.

05-6383   CDD-330

Índices para catálogo sistemático:
1. Dinheiro : Obras de divulgação 330
2. Economia : Obras de divulgação 330

O primeiro número à esquerda indica a edição, ou reedição, desta obra. A primeira dezena à direita indica o ano em que esta edição, ou reedição, foi publicada.

Edição	Ano
1-2-3-4-5-6-7-8-9-10-11	05-06-07-08-09-10-11

Direitos de tradução para a língua portuguesa
adquiridos com exclusividade pela
EDITORA PENSAMENTO-CULTRIX LTDA.
Rua Dr. Mário Vicente, 368 — 04270-000 — São Paulo, SP
Fone: 6166-9000 — Fax: 6166-9008
E-mail: pensamento@cultrix.com.br
http://www.pensamento-cultrix.com.br
que se reserva a propriedade literária desta tradução.

Impresso em nossas oficinas gráficas.

Aos meus maravilhosos primos, sobretudo Judith Hodge, por nossos esforços comuns; e a Penelope Newsome, que primeiro me mostrou as possibilidades de humanizar a economia.

David Boyle é membro da New Economics Foundation e autor de *Funny Money, The Tyranny of Numbers, The Money Changers* e *Authenticity: Brands, Fakes, Spin and the Lust for Real Life* (HarperCollins/Flamingo).

ÍNDICE

Por que Publicar Este Livro? 7

Introdução 9

I Dinheiro Metálico 13

O que é dinheiro? – E de onde vem? 14

Origens do dinheiro – Não é o que pensamos 16

Ouro – A relíquia bárbara 19

Inflação – Colombo e o pecado original 21

Usura – O grande debate 23

O Banco Mundial e o FMI – Contas de despesas internacionais 25

Grandes moedas e o euro – Ainda o sonho do ouro 28

Inovadores do dinheiro 1 – Adam Smith e o livre comércio 30

Inovadores do dinheiro 2 – Keynes e o que fazer quando o dinheiro deixa de funcionar 33

II Informação e Dinheiro 37

Tigres de papel – A evolução do dinheiro alegre e o nascimento dos bancos 38

Bancos centrais – A velha dama de Threadneedle Street 40

Dinheiro incorpóreo – Venda de ar 42

Os mercados de ações – Os *Big Bangs* do mundo 44

Seguro – Os perigos que rondam nossa segurança 47

Fluxos de dinheiro – O que vai volta 49

A evolução do dinheiro eletrônico – O advento dos pontinhos na tela 52

Paraísos fiscais – Para onde vai todo o dinheiro? 54

Propriedade – O poder oculto do dinheiro 56

Globalização – O governo do dinheiro 59

III O Dinheiro como Medida 63

Os primeiros contadores – Pacioli e a contabilidade 64

Os últimos contadores – A maldição da Enron 66

A insânia do PIB — Por que o dinheiro não é tudo   68
Felicidade — Por que o dinheiro não é um bom guia   71
Eficiência — O culto da incompetência   72
A medida do que é mais importante 1 — Indicadores alternativos   75
A medida do que é mais importante 2 — Auditoria social   77
Outros tipos de capital — Por que nem tudo é uma questão de dinheiro   79
Imposto verde — A tributação das coisas más   81
Análise de custo-benefício — Como saber o preço de todas as coisas   83
Subsídios empresariais — Bem-estar para os mais ricos   85

IV Dívidas   89

O flagelo oculto do dinheiro — O problema dos juros   90
Hipotecas — O abraço da morte   92
Dívidas 1 — O mundo esmagado   94
Dívidas 2 — Os Estados Unidos esmagados   97
Para onde foi todo o dinheiro? — O problema do dinheiro moderno   99
Pensões — Uma coisa depois da outra   101
Outra maneira de fazer dinheiro 1 — Como criar mais dinheiro vivo   104
Outra maneira de fazer dinheiro 2 — Crédito social e advento dos *Greenshirts*   106
Outra maneira de fazer dinheiro 3 — Uma nova moeda global de petróleo,
metal, comida...   108
A renda dos cidadãos — O direito de viver   110
Microcrédito — Um sistema bancário pequeno é bonito   112

V Dinheiro Louco   115

Dinheiro criminoso — A economia da sombra   116
A maldição do petróleo — Por que nada mais é real   118
Adeus, mundo real — O dinheiro como um bem   120
Abstrações — Rumo a uma economia pós-autista   122
Falsificação — O flagelo do dinheiro falso   124
Grandes quebras 1 — Da Tulipamania aos Mares do Sul   126
Grandes quebras 2 — Wall Street, 1929   129

Grandes quebras 3 — Títulos podres   131
Grandes quebras 4 — A explosão ponto.com   133
Grandes quebras 5 — Derivativos   135
Como acalmar os fluxos de dinheiro — A Taxa Tobin   137
Os novos multibilionários — O mundo de Bill Gates   139

VI Dinheiro de Fabricação Própria   143

Criação de dinheiro — O desafio de fazê-lo você mesmo   144
O dinheiro que enferruja — Os "Stamp Scrips" de Irving Fisher   147
Dinheiro real — É preciso mantê-lo constante   149
Legumes como dinheiro — Imprima o seu   151
Dinheiro de fabricação própria 1 — LETS   153
Dinheiro de fabricação própria 2 — O estilo comunidade   155
Dinheiro de fabricação própria 3 — Horas   158
Dinheiro de fabricação própria 4 — Bancos de tempo e dólares de tempo   160
Dinheiro verde — Moedas que nos tornam sustentáveis   163
Quotas domésticas comercializáveis — O dinheiro do efeito estufa   165
A evolução da troca — Lojas de permuta   167
O futuro do dinheiro — Um mundo de moedas múltiplas   169

VII Dinheiro Espiritual   173

O dinheiro existe? — Afinal, não podemos levá-lo deste mundo   174
Dar tudo — A emoção da filantropia   176
Minimização — Simplicidade voluntária   178
Consumo ético — Vigilantes nos corredores dos supermercados   180
Investimento ético — O dinheiro como moral   182
Terapia da cobiça — A base do problema   185
Alquimia — O engodo da pedra filosofal   187

Conclusão   188

Por que Publicar Este Livro?

Ocultas na máquina insaciável do sistema financeiro estão algumas "verdades" bizarras e mesmo espantosas. Nós, os países mais ricos do mundo, exigimos bilhões de dólares anualmente em juros sobre empréstimos feitos a ex-governantes de países pobres. Em muitos casos eles eram ditadores corruptos ali colocados e mantidos por "nós".

O discurso seguinte, fascinante (e livremente editado), foi dirigido a estadistas europeus por um representante das comunidades indígenas sul-americanas e vale cada segundo do tempo do leitor:

"Eu, Guaicaipuro Cuatemoc, vim encontrar-me com os participantes desta reunião. Descendente daqueles que vivem na América há quarenta mil anos, vim conhecer aqueles que nos encontraram há quinhentos.

Meu irmão, o europeu usurário, pede-me que pague a conta da traição de um Judas que nunca autorizei a considerar-se um colateral.

Meu irmão, o europeu hipócrita, explica-me que todos os meus débitos têm de ser resgatados com juros ainda que ele compre e venda seres humanos e países inteiros sem o consentimento destes.

Todas essas coisas descobri. E também eu exijo pagamento com juros.

Está provado nos arquivos dos povos nativos, com papel, recibo e assinatura, que entre os anos de 1503 e 1660 chegaram a San Lucas de Barrameda 185.000 quilos de ouro e 16.000.000 de quilos de prata originários das Américas.

Esses 185.000 quilos de ouro e 16.000.000 de quilos de prata devem ser vistos como o primeiro de muitos e muitos empréstimos amigáveis das Américas para o desenvolvimento da Europa. O contrário seria presumir crimes de guerra e não apenas recompensa imediata — indenização por danos, dores e sofrimentos.

Essa fabulosa transferência de capital nada mais foi que o início de um plano 'Marshall Tesuma' a fim de garantir a reconstrução de uma Europa bárbara, arruinada pelas guerras contra o (muitíssimo civilizado) Islã.

Assim, para celebrar o quinto centenário do IOU, podemos perguntar: fizeram os nossos irmãos europeus uso racional, responsável ou mesmo produtivo dessas quantias tão generosamente oferecidas pelo Fundo Indo-americano Internacional?

Infelizmente, a resposta é 'não'. Em suas campanhas, eles as desperdiçaram — nas batalhas de Lepanto, nas invencíveis armadas, nos terceiros *reichs*, em todas as formas de extermínio mútuo.

Eles foram incapazes, a despeito de uma moratória de quinhentos anos, de resgatar o principal e os juros — e muito menos de viver livres dos dividendos futuros, das matérias-primas e da energia barata, explorada e constantemente a eles fornecida pelo 'terceiro mundo'.

Esse quadro deplorável corrobora a tese de Milton Friedman segundo a qual uma economia subsidiada não pode nunca funcionar e obriga-nos, para o seu próprio bem, a exigir pagamento do principal e dos juros que esperamos pacientemente todos esses séculos para reivindicar. Fique bem claro que não nos rebaixamos a cobrar as taxas extorsivas de 20% ou 30% que nossos irmãos europeus impõem aos povos do terceiro mundo. Apenas exigimos o retorno dos metais preciosos emprestados mais o modesto juro acumulado de 10% por um período de trezentos anos, com isenção para um período de duzentos.

Nessa base, e aplicando a fórmula européia para juros capitalizados, informamos aos nossos 'descobridores' que eles nos devem, como pagamento inicial do débito, uma quantia de 185.000 quilos de ouro e 16.000.000 de quilos de prata. Quanto aos juros, somos credores de 440.000.000.000.000.000 de quilos de ouro e 38.000.000.000.000.000.000 quilos de prata (ou 1% da massa da Lua). Pelas taxas vigentes em meados de 2002, isso alcança um total de US$391.000.000.000.000.000.000.000 ou 391 milhões de milhões de milhões de dólares.

Inferir que a Europa, em meio milênio, não foi capaz de gerar riqueza suficiente para pagar esse modesto juro seria admitir o fracasso abjeto de seu sistema financeiro e a irracionalidade demente das premissas do capitalismo.

Essas questões metafísicas, porém, não perturbam a nós, indo-americanos.

Mas como seria se exigíssemos a assinatura de uma carta de intenções a fim de disciplinar os povos devedores do Velho Mundo e obrigá-los a cumprir suas obrigações por meio de privatizações rápidas e contenção fiscal, como primeiro passo para o pagamento dessa dívida histórica?"

Guaicaipuro Cuatemoc

Introdução

■ *"Só existe uma riqueza: a vida. A vida, incluindo todos os seus poderes de amor, alegria e admiração. O mais rico dos países é aquele que alimenta o maior número de seres humanos nobres e felizes. O mais rico dos homens é aquele que, tendo aperfeiçoado ao máximo as funções de sua própria vida, exerce também influência benigna, tanto por sua pessoa quanto por seus bens, sobre a vida dos semelhantes."*
— John Ruskin,
Unto This Last

Do mais pobre ao mais rico, todos nos preocupamos com dinheiro. Preocupamo-nos com nosso saldo bancário, nossas ações, nossa aposentadoria, nossas contas. Imaginamos que um dinheiro extra resolveria todos os nossos problemas; mas, curiosamente, é no país mais rico do mundo, os Estados Unidos, que as pessoas mais se atormentam e são, aparentemente, mais deprimidas.

Pior ainda, quando examinamos nossas finanças, deparamos com um quadro assustador de consultores que parecem preparados para dizer-nos seja lá o que for a fim de pôr a mão nas nossas economias, utilizando um jargão peculiar e incompreensível. Afinal, o que vem a ser dotação, lucro líquido negativo, derivadas, fundos de risco e tudo o mais? Essa gente quer convencer-nos de que não podemos passar sem eles.

Talvez não surpreenda que muitos de nós tranquemos a porta e — como Sir Alec Douglas-Home quando era secretário do Tesouro — enrolemos a cabeça numa toalha quente e acertemos nosso orçamento usando palitos de fósforo. Ou, se isso falhar, cruzemos os dedos esperando pelo melhor.

É estranho, na vida moderna, que lutemos tanto com o dinheiro. Vivemos nas sociedades mais ricas da história da humanidade e, contudo, gastamos mais tempo que nunca preocupando-nos com finanças. E preocupamo-nos com elas, em parte, porque nunca achamos possuir o bastante e, em parte, porque somos constantemente estimulados a agir assim. A publicidade — e os artigos das páginas de finanças pessoais no jornal de domingo — instigam-nos a ficar cada vez mais nervosos com respeito ao seguro do carro ou da casa, as hipotecas, o cartão de crédito, os empréstimos sem garantia, os planos de saúde e de funeral, as pensões, etc.

Poucos compreendem o misterioso sistema pelo qual sua aposentadoria é reavaliada todos os anos ou as tabelas que servem de base para o cálculo de seu seguro de vida. Além disso, não têm realmente tempo de dominar semelhante matéria, afora tudo o mais que precisam fazer no dia-a-dia — embora também não confiem em ninguém que o faça por eles.

No entanto, ainda que deixemos as respostas finais em aberto e empurremos o dinheiro para o fundo da mente, sentimo-lo ali a ferver como um vulcão — a estranha, terrivelmente poderosa e malcompreendida máquina que parece controlar o mundo inteiro.

Temos consciência de suas contradições e paradoxos. Por um lado, é claro, o dinheiro constitui uma expressão da riqueza inerente à Terra. Tem efeitos reais e poderosos — às vezes devastadores — sobre as pessoas e o planeta. Por outro, ele é intangível, fluindo pelas telas dos computadores como sinais eletrônicos à razão de $2.000 bilhões por dia, mercadejando produtos etéreos que — como o preço futuro do petróleo ou a iminente valorização do dólar sobre o yen — não possuem existência real e aparecem em quantidades que, de qualquer forma, a Terra jamais conseguiria produzir.

Não vemos o dinheiro. Ele escapa a todas as definições. No entanto, às vezes é a força mais pujante do mundo, podendo a tal ponto dominar a mente das pessoas que os aspectos reais da vida — como árvores, seres humanos, rios, espécies — ficam esquecidos e desaparecem da memória coletiva.

Assim, da próxima vez que você se espantar com seu extrato bancário ou perguntar se agiu bem — estimulado por vizinhos ou consultores financeiros — ao fazer aquela hipoteca no final dos anos 1980 (como eu fiz), lembre-se de que não está sozinho. O dinheiro e o sistema complicado que o leva a funcionar é um produto manufaturado que nós inventamos e, embora — como Frankenstein — a todos nos domine pelo fascínio, a complexidade ou a absoluta intratabilidade, devemos ser capazes de mudar suas regras operacionais.

Se pudermos analisar novamente seu funcionamento interno ou inventar o nosso próprio, descobrindo maneiras novas de pô-lo a trabalhar *para* as pessoas em vez de atirá-las umas contra as outras, estaremos aptos a reassumir parte do controle.

Este livro destina-se, pois, a restaurar um pouco o equilíbrio de poder. Ele não é como os capciosos guias financeiros colocados em nossas mãos por vendedores de bancos ou companhias de seguros e que nos prestam algumas informações sobre quantos produtos mais eles podem nos fornecer periodicamente. Também não se trata de nenhum

manual de economia, cheio de gráficos e que repele todos aqueles que não foram admitidos no pequeno mundo dos cultores dessa ciência. Todavia, ele lhe dirá de onde vem o dinheiro, o que significa e o que está fazendo para o planeta — além do que podemos fazer a seu respeito.

Trata-se de um guia financeiro que talvez não lhe ensine o modo de investir seu dinheiro — embora possa oferecer algumas idéias a esse respeito —, mas sem dúvida lhe transmitirá todas as coisas que você precisa saber e o gerente de seu banco não sabe informar.

Irei também prepará-lo para o futuro debate a respeito do dinheiro. Não o modo de ganhar mais, porém o que ele anda fazendo conosco, se há maneiras melhores de criá-lo e se podemos passar um pouco sem ele. O livro lhe contará uma verdade sobre a qual políticos e corretores preferem não pensar muito — o modo como perderam o controle de um gigantesco sistema financeiro que pode enriquecer ou empobrecer todos nós num segundo, se o quiser.

Em suma, este livro poderá induzi-lo a ver tudo, de seu extrato bancário à moedinha em seu bolso, de uma forma completamente nova. Poderá, mesmo, mudar sua vida.

David Boyle

Seção I

Dinheiro Metálico

O dinheiro pode ser tudo aquilo que você quiser. O problema
é que vivemos num mundo que confunde dinheiro com riqueza
real, que mistura dinheiro e fundos bancários com valores
humanos eternos. Por isso, não é de espantar que todos
estejamos obcecados pelo dinheiro.

O que é dinheiro?

E de onde vem?

■ *"O dinheiro é a felicidade no plano abstrato; assim, o homem que não consegue mais gozar dessa felicidade no plano concreto devota-se de coração ao dinheiro."*
— Arthur Schopenhauer

Em se tratando de algo que todos usamos e a respeito de que pensamos tanto, o dinheiro é extraordinariamente esquivo. Não há unanimidade sobre o que ele é ou mesmo para que serve.

Na extremidade do espectro, ele pode ser conchinhas do mar, usadas como moeda em certas regiões da Polinésia. Pode ser blocos de pedra redondos com quatro metros de diâmetro, em curso nas ilhas Carolina — impossíveis de ser subtraídos de seu bolso, mas muito incômodos como troco. Ou, se você transita por Wall Street, o dinheiro pode ser páginas e mais páginas de informação digital, sem relação com nenhum produto do mundo concreto.

Não é que um seja real e o outro, não. Ambos são profundamente reais, apenas se relacionam com diferentes funções. Segundo os economistas, eles são três: depósito de valor (como as pedras), padrão de valor (o que todos podem entender) e meio de troca (como as conchas: não precisam valer por si mesmas, mas ajudam a trocar pelo preço certo).

O dinheiro pode ser tudo — cigarros, por exemplo — que ajude você a comprar. Pode ser algo valioso, como as moedas. Pode ser uma coisa escassa, como o ouro, que possui valor intrínseco. Pode ser algo sofisticado e elástico, como títulos de futuros. Pode ser algo às vezes acidentalmente apagado por seu banco porque alguém esbarrou no teclado do computador (isso acontece com surpreendente freqüência). E pode ser ainda um pouco de tudo isso, como o ouro que os conquistadores espanhóis encontraram na América Latina, arrebataram aos incas e despacharam para a Europa. Quase tudo pode ser usado como dinheiro.

O problema, para nós, consiste justamente no fato de o dinheiro ser um pouco de tudo isso. É moeda e é débito. É cartão de crédito plastificado e é uma infinidade de *bytes* no ciberespaço — o lugar onde atualmente os bancos mantêm nossos depósitos.

Para alguns de nós, contudo, o dinheiro é muito mais elástico que para outros. Enquanto os pobres do mundo passam com o equivalente a alguns centavos por dia, os "mestres do universo" em Wall Street e na City de Londres — como os chamou Tom Wolfe em *The Bonfire of the Vanities* — possuem um sistema monetário quase infinitamente elástico. Quando o financista velhaco Robert Maxwell despencou de seu iate na baía de Biscaia, em 1991, havia esticado seu dinheiro a tal ponto que possuía duas vezes mais que o Zimbábue. De todas as grandes injustiças do sistema monetário, essa é a maior. Para algumas pessoas o dinheiro é fluido, insubstancial e infinito; para outras, horrivelmente concreto. Algumas pessoas fazem e refazem regras; outras morrem por causa delas.

Mas de onde, afinal, vem o dinheiro? Segundo um equívoco popular, a riqueza do mundo é representada por pesadas barras de ouro depositadas nos subterrâneos do Banco da Inglaterra, do Federal Reserve e do Forte Knox. Não é mais.

Ainda há ouro nos subterrâneos, transferido de nicho para nicho — cada qual reservado ao governo de um país — e não transportado pelo globo. Mas trata-se de uma anomalia histórica e de um simples meio de guardar parte das reservas de uma nação. Os bancos centrais passaram quase toda a década de 1990 tentando vender seu ouro às escondidas, sem baixar seu preço mundial (mas fracassaram). Na verdade, a libra não tem sido lastreada pelo ouro desde 1931, no auge da Grande Depressão, e o elo final entre dinheiro e ouro foi rompido em 1971, quando Richard Nixon acabou com a pretensão de que o dólar americano tinha lastro nesse metal. Hoje, se você ler a promessa "a ser pago ao portador" numa nota de cinco libras e levá-la ao Banco da Inglaterra, eles simplesmente lhe darão outra nota do mesmo valor em troca.

Sem dúvida existem moedas, mas feitas de cobre e níquel que não valem o que consta no anverso. O valor total das notas e moedas produzidas pela Casa da Moeda, postas em circulação pelo Banco da Inglaterra e instituições congêneres, equivale a apenas 3% do dinheiro em curso.

De onde vem o resto? É espantoso, mas as respostas divergem. A maioria das pessoas parece acreditar que sai dos bancos comerciais. Quando você deposita dinheiro, a instituição mantém provavelmente 8% desse valor em caixa — se houver uma corrida aos bancos — e o restante é reemprestado diversas vezes. Em suma, muitos de nossos empréstimos e hipotecas são criados por mágica, com um simples documento.

Um belo dia, é preciso pagar ao banco com juros, quando 8% do valor volta a ser emprestado novamente. E assim vai. É um sistema mágico de fazer dinheiro, surpreendentemente pouco estudado e hoje em dia limitado apenas por duas coisas: as regulamentações do Bank for International Settlements, com sede em Basiléia, e o medo da insolvência por parte dos clientes: e uns 10% de fato não pagam.

Eis a estranha verdade por trás do dinheiro moderno. Nós não o escavamos, não o achamos na praia, não vemos nele nenhuma relação com o mundo real — e, no entanto, algumas pessoas o têm em grande quantidade e outras não têm nada. O curioso é que raramente falamos a respeito disso.

John Kenneth Galbraith
Money: Whence it came, where it went,
Penguin, 1975, ISBN 0140234799

Origens do dinheiro

Não é o que pensamos

■ *"A pior coisa é não dar presentes. Damos o que temos. É assim que vivemos juntos."*
— Bosquímano do Kalahari citado em *Money, Heart and Mind*, de William Bloom

Há tantos mitos em torno do dinheiro, e esses mitos permeiam tantas coisas que nos dizem sobre economia, que seria necessário mais que um livro para esboçá-los a todos. Mas o mito primário e mais insidioso diz respeito à sua origem.

Economistas e políticos estão sempre dizendo que o dinheiro surgiu como um modo de facilitar o comércio. Ele teria se implantado porque o sistema de troca era ineficiente e porque a ânsia de fortuna pessoal e a competição, que parecem estar no cerne da economia, estão também dentro de todos nós. Portanto, o dinheiro seria apenas uma expressão de nossa vocação para competir uns com os outros nos negócios. Isso não é verdade; nem a cobiça nem a ineficiência estimulam o crescimento do dinheiro. Sem dúvida, a troca tinha suas falhas: era preciso desejar o que outro possuía e a vida nem sempre funciona assim. Os esquemas de troca que permitem a certas sociedades passar sem muito dinheiro em circulação — como a Rússia na década de 1990 — são diabolicamente complicados e infernalmente inconvenientes (ver p. 167). Mas não foi por esse motivo que o dinheiro surgiu.

A maioria dos antropólogos sustenta que o dinheiro apareceu como uma espécie de presente ritual: algo que se dá à tribo vizinha por ocasião de um encontro, ao pai da mulher com quem se vai casar ou a Deus no templo. A palavra "pagar" vem do latim "pacare", que significa pacificar, aplacar, fazer as pazes. O dinheiro surgiu como um instrumento de paz.

Examinemos, por exemplo, o encontro entre Salomão e a rainha de Sabá por volta do ano 950 a. C. "Ostentação extravagante, tentativa de superar o outro no esplendor do intercâmbio e, acima de tudo, obrigações de reciprocidade caracterizaram esse famoso encontro, embora tudo se passasse no devido nível principesco, como em tipos mais mundanos de troca em outras partes do mundo", diz Glyn Davies em *The History of Money*.

De fato, objetos metálicos ornamentais conhecidos como *manillas* na África Ocidental ainda eram usados como dinheiro em 1949. Algumas cerimônias no Pacífico continuam a utilizar dentes de baleia ou ratos comestíveis como oferendas rituais de dinheiro: as origens do dinheiro continuam a desafiar nossa acuidade. Elas, porém, sempre foram consideradas com horror pelos modernos economistas — e muitos especialistas tentaram banir totalmente essa idéia. As autoridades canadenses puseram fora da lei as cerimônias *potlatch* dos nativos americanos — mescla de elementos sociais, festivos, rituais e comerciais que constituíam o cerne de suas sociedades — entre 1884 e 1951.

Que significa isso? Significa que a economia nada tinha a ver, originalmente, com povos selvagens competindo por recursos escassos e utilizando dinheiro para livrar-se uns dos outros. Tinha a ver com o reconhecimento mútuo e a facilitação das relações humanas. É importante lembrar-se disso hoje em dia, quando a função secundária do dinheiro consiste em substituir relações humanas por relações monetárias. Quando coisas são vendidas e não dadas. Quando os idosos vivem em asilos e não com seus filhos, de vez que as relações foram banidas pelo dinheiro.

"Quer dizer que as pessoas não trabalham e criam a economia porque querem apoiar a economia", diz o escritor William Bloom. "Elas criam e se relacionam, o que por seu turno gera a economia." Assim, não nos deixemos lograr pela economia: nós a criamos à nossa volta e, se pretendermos mudá-la, é isso mesmo que precisamos fazer.

"Os costumes dos lídios diferem pouco dos costumes dos gregos, exceto pelo fato de prostituírem suas mulheres."

William Bloom,
Money Heart and Mind: Financial Well-Being for People and Planet,
Viking, 1995, ISBN 0670865974

Ouro

A relíquia bárbara

Heródoto sobre os inventores do dinheiro moderno.

Heródoto falou a respeito das primeiras moedas, inventadas no século VII a. C. pelos lídios, que viviam na atual Turquia. No decorrer de mais ou menos um século, a idéia se espalhara pela Grécia e norte da África. Mesmo na China fabricavam-se versões metálicas das ferramentas e conchas que haviam sido usadas como dinheiro antes de servir como cunhagem.

O problema, segundo Heródoto, era que a adoção das moedas metálicas não foi nada honrosa, tendo mais a ver com a prostituição do que com os começos de um grande império comercial: os lídios foram, realmente, os primeiros proxenetas. Entretanto, significou que as pessoas podiam ser extremamente precisas com relação a preços e débitos de um modo antes impossível. Infelizmente, as moedas confundiram o povo com respeito ao caráter da riqueza. O dinheiro que passaram a usar começou como símbolo de riqueza, mas logo tornou-se todo-poderoso: acreditava-se que o ouro ou a prata eram a riqueza em si e logo a humanidade se viu metida em trapalhadas com relação ao dinheiro, situação hoje bastante familiar. O que quer que as pessoas pensem, freqüentemente elas agem como se:

- O metal fosse riqueza e não uma manifestação da riqueza intrínseca que trazemos dentro de nós como seres humanos.
- O montante total da riqueza estivesse de alguma forma limitado pela quantidade de ouro existente no mundo — motivo pelo qual não haveria dinheiro suficiente para todos.
- Somente o ouro — ou coisas capazes de proporcioná-lo — fossem importantes.
- As coisas valiosas em termos de dinheiro (casas, franquias de lanchonete, anéis de diamante) fossem *realmente* importantes em comparação com aquilo a que o dinheiro não pode atribuir valor, como órfãos, enfermeiras, amor.

Esses erros conduziram aos mais impressionantes equívocos humanos. Os conquistadores que acompanharam Cristóvão Colombo ao Novo Mundo em 1492 puseram-se a amealhar ouro e a despachá-lo através do Atlântico em tais quantidades que provocaram uma desastrosa inflação por mais de um século.

Cometemos os mesmos equívocos atualmente ao nos deixarmos persuadir pelos economistas de que o dinheiro é a coisa mais importante do mundo e de que apenas os itens a ele redutíveis — árvores cortadas, grandes intervenções na natureza como estâncias balneárias — são dignos de avaliação e proteção. "A humanidade industrial está agindo como o rei Midas", escreve Paul Ekins em *Wealth Beyond Measure*. "Ele transformou a própria filha em ouro antes de perceber as limitações de sua concepção pessoal de riqueza."

O ouro pode ser uma "relíquia bárbara", segundo o grande economista John Maynard Keynes, mas em tempos de incerteza ainda nos apegamos a ele. Muitas moedas deixaram de lastrear-se no ouro a partir de 1931. Todavia, com certa razão, queremos que nosso dinheiro se baseie em alguma coisa real — ao invés de nos *bytes* e mais *bytes* de informação sobre débito em que ele se transformou nos nossos dias.

O problema é que praticamente não existe no mundo quantidade bastante de ouro para satisfazer às nossas necessidades de um meio de troca — só às dos ricos. Desde que Colombo regressou de sua primeira viagem, cerca de quinhentos mil quilos de ouro em pó foram arrancados do solo, o suficiente apenas para atulhar duas casinhas geminadas.

Você poderá vê-lo em barras nos subterrâneos do Banco da Inglaterra e do Federal Reserve de Nova York, cada qual valendo um apartamento pequeno em Londres. O ouro é exclusivo e escasso — não pode fornecer dinheiro a todos nós.

Glyn Davies,
A History of Money from the Earliest Times do the Present Day,
University of Wales Press, 2002,
ISBN 0708317170

Inflação

Colombo e o pecado original

▪ *"Wall Street, teoricamente, é o centro do sistema financeiro que atende às necessidades de capital da nação. Mas Wall Street não passa de um centro de especulação organizado para capacitar uma minoria auto-selecionada de homens ávidos a tornar-se milionários e bilionários. O que quer que Wall Street faça para atender às necessidades de capital da nação é fortuito, sendo deformado e distorcido por aquilo que ela de fato é."*
Ralph Borsodi, pioneiro das campanhas em defesa do verde

Os galeões atulhados de ouro que Colombo conduziu de volta provocaram uma inflação ruinosa. De repente, havia dinheiro demais fluindo para o continente e eliminando exatamente o mesmo número de bens — o que provoca a alta de preços. Um século depois de Colombo, havia oito vezes mais dinheiro em circulação na Europa, e as reservas dos impérios espanhol e otomano estavam devastadas. O êxito deitou abaixo o império espanhol.

Nas últimas décadas, na Grã-Bretanha, em que tivemos de conviver com preços que subiam rapidamente, ninguém pode ser condenado por pensar que a inflação era causada por sindicatos cobiçosos e salários altos. Devemos ser perdoados por engolir a idéia de que é preciso curá-la restringindo o dinheiro em circulação — processo conhecido como monetarismo.

Essas, porém, são concepções errôneas. Na verdade, precisamos de dinheiro para viver. Se reduzirmos o suprimento de dinheiro, as primeiras pessoas a sofrer serão as mais pobres. E, sem dinheiro, todos morremos — "como numa peregrinação às catacumbas com uma vela pingando", disse Keynes. A economia chegou hoje ao ponto de sangrar o paciente.

Não é por isso que os preços sobem. Mais dinheiro precisa ser contrabalançado com mais bens e serviços. Quando o dinheiro é criado para a especulação — e pelo menos 97% do que circula hoje é para a especulação a curto prazo —, torna-se inflacionário. Pior ainda, se os bancos criarem dinheiro a torto e a direito, emprestando-o sob a forma de débito — com os devidos juros — isso também se torna inflacionário (ver p. 94).

Se o montante de dinheiro em circulação continuar aumentando à taxa vigente no Reino Unido durante os últimos trinta anos, teremos 14 trilhões de libras na economia em 2002 (hoje, algo em torno de 700 bilhões). No entanto, os bancos só emitem uma fração insignificante disso: o resto é emprestado por eles e pelas cooperativas de construção.

Todo esse dinheiro está eliminando quase a mesma quantidade de bens, mas, em sua maior parte, flui pelos mercados eletrônicos de especulação.

Por isso os artigos de luxo encarecem tão depressa: tivemos, ao longo de três décadas, grave inflação nos preços internos. Os preços dos outros artigos não sobem, principalmente porque as autoridades financeiras impedem que essa bonança chegue às pessoas comuns. Para elas, o aperto continua em vigor.

Segundo os críticos de meados do século XX, a inflação era um roubo. O governo minava o valor do nosso dinheiro imprimindo-o em grande quantidade. O oposto, no entanto, é também verdadeiro: eliminando o dinheiro da economia real, isto é, bens e pessoas, ele suga a vida dos pobres.

Dinheiro em circulação no Reino Unido
1971   31 bilhões de libras
1996   665 bilhões de libras (2.145%)

Ralph Borsodi,
Inflation and the Coming Keynesian Catastrophe,
E. F. Schumacher Society, 1979

Usura

O grande debate

■ *"Os que alimentam a usura não podem erguer-se a não ser como alguém que Satã prostrou com seu toque."*
— Alcorão

Os muçulmanos têm um conceito a que chamam *zakat*, pelo qual toda pessoa precisa dar o que possa para ajudar a comunidade. É uma tradição a amparar a idéia islâmica de que ninguém deve morrer de fome. Aos ricos não convém pressionar demais em suas cobranças e, quando necessário, é bom que consintam em perdoar dívidas.

Isso, porém, não se aplica apenas aos muçulmanos. Esqueçam-se algumas velhas histórias sobre bodes ou carneiros e todas as grandes religiões do mundo nutrem as mesmas idéias econômicas: que as pessoas descansem no fim de semana, que a terra repouse e as dívidas sejam perdoadas a cada sete anos. E todas condenam o que chamam de "usura".

A usura esteve no centro do debate cristão durante os últimos dois mil anos — e o Islã ainda acredita que a cobrança de juros é errada (ver p. 90). Na Idade Média, porém, a teologia cristã começou a aceitar os juros, desde que módicos. Mas perseguir pessoas por gerações devido a débitos não-pagos, cada vez mais altos devido aos juros capitalizados, era ainda considerado reprovável.

Os bancos islâmicos constituem hoje um dos setores dos serviços financeiros que mais crescem (ver p. 91), recusando-se a cobrar juros, mas participando da propriedade. A idéia é garantir que o dinheiro seja produtivo e não cresça só por si. No entanto, independentemente de como definamos a usura, ela continua conosco.

Em pequena escala, temos os prestamistas e os tubarões da usura que oprimem os mais pobres de nossa sociedade. Enquanto a taxa costumeira dos cartões de crédito ou empréstimos pessoais varia de 5 a 17% ao ano, os empréstimos oferecidos pelos usurários — para pessoas pobres demais, que não conseguem obter dinheiro dos bancos — podem chegar a 1.000% ao ano. Pesquisa recente mostrou um tubarão que cobrava 1.834%, tendo-se ouvido falar até em 5.000%.

Por toda a Grã-Bretanha vêem-se pessoas em fila na porta do instituto de aposentadoria e pensões acompanhadas de seu prestamista, que lhes reteve o carnê "por garantia" — apenas para emprestá-lo de novo e obrigá-las a devolver seu parco dinheirinho a fim de resgatar os juros do empréstimo.

Em maior escala temos o escândalo de débitos impostos aos pobres por seus próprios governos e pelos bancos ocidentais que eles nunca conseguem pagar. Isso provocou algumas peculiaridades bizarras (ver p. 95), inclusive:

• Toda pessoa no Terceiro Mundo deve cerca de 250 libras ao Ocidente — mais que um ano de salário para a maioria delas.
• A África gasta quatro vezes mais com o serviço da dívida do que com a saúde.
• A comissão sobre os ruinosos 55 bilhões de libras do empréstimo "camarada" feito à Argentina em 2000 — que lhe provocou a crise financeira e envolveu taxas de lucros "usurárias" — foi de 150 milhões de libras pagas a bancos em Londres, Nova York e Buenos Aires.
• A Europa costumava vender um quinto de suas exportações para o Terceiro Mundo, especialmente a África; hoje, esses países estão demasiado pobres para comprar mais que um décimo.

A maioria das pessoas acha que todo empréstimo deve ser pago, mas detesta quem tira vantagem dos carentes e desesperados. Quando a Coca-Cola instalou máquinas de venda que cobrariam mais caro no verão, isso foi amplamente denunciado. A velha condenação da usura ainda proporciona orientação moral.

Henry Palmer e Pat Conaty,
Profiting from Poverty,
New Economics Foundation, 2003,
ISBN 1 899407 61 8

O Banco Mundial e o FMI

Contas de despesas internacionais

■ *"Futuros estudiosos de história ficarão chocados e irritados pelo fato de, em 1945, o mesmo sistema monetário que levou o mundo ao desespero e à ruína [na Grande Depressão], tendo quase destruído a civilização que pretendia sustentar, renascer com muito maior amplitude."*
— Jacques Rueff

Os mais destacados economistas de então abriram caminho pelo Atlântico infestado de submarinos, em 1944, a fim de participar da Conferência de Bretton Woods em New Hampshire e moldar o futuro financeiro do mundo.

Era um momento alvissareiro. Mas o plano britânico, esboçado pelo grande economista John Maynard Keynes, foi posto de lado. Ele propunha um sistema financeiro amparado por uma moeda global com lastro em bens reais. O plano americano substituiu-o. O principal legado desses anos vertiginosos foi o Fundo Monetário Internacional e o Banco Mundial — o primeiro como emprestador de última instância ao mundo; o segundo, com vistas a reduzir a pobreza e criar novos mercados para os países desenvolvidos.

Ambas as instituições permaneceram crípticas e nebulosas desde então; até o orçamento do FMI é secreto. Ambas podem tornar-se anacrônicas em comparação com os enormes fluxos de dinheiro que atravessam o globo 24 horas por dia. Durante a crise financeira da Ásia em 1998, um desesperado ministro da Fazenda cuja economia sofrera um súbito ataque nos mercados mundiais consultou o FMI. Mas passava das cinco da tarde em Washington e os funcionários já tinham ido embora. O guarda declarou ao ministro que ele teria de haver-se sozinho.

Enquanto isso, o FMI e o Banco Mundial incluíam entre seus clientes mais agradecidos alguns dos piores ditadores do Terceiro Mundo, como Mobutu, Moi, Samuel Doe, a junta argentina, Marcos e Pinochet — todos considerados muito úteis aos Estados Unidos durante a Guerra Fria. Dos 26 bilhões de dólares da ajuda estrangeira que passaram às mãos do governo filipino sob seu regime, Ferdinand Marcos conseguiu surrupiar 10 bilhões colocados em contas secretas no exterior.

Pior que isso, a totalidade dos 4,4 bilhões entregues à Rússia em 1998 desapareceu em poucos dias, sugada da economia por meio de contas secretas em bancos de Chipre.

Houve em seguida os programas de "ajuste estrutural" impostos aos países pobres pelo FMI como condição para empréstimos, inclusive cortes nos programas de assistência social, educação e meio ambiente. O FMI foi também acusado de preocupar-se mais com os bancos do que com os países necessitados. O empréstimo de 41 bilhões de dólares ao Brasil, em 1999, teve em mira sobretudo salvar o pescoço dos grandes credores americanos, como o Citibank, a quem o dinheiro reverteria sob a forma de pagamentos de juros.

O ajuste estrutural significa ainda que os países pobres devem desviar recursos da produção de alimentos para si mesmos e exportar as colheitas — ou fazer qualquer outra coisa que lhes traga divisas estrangeiras com que pagar o serviço de sua dívida. Por isso:

• A Costa Rica vendeu toda a sua herança genética a uma indústria farmacêutica americana por 10 milhões de dólares.
• O FMI pressionou a Guiana a explorar a tal ponto seus recursos minerais e petrolíferos que, em 1998, o país havia vendido concessões equivalentes a 10% de sua superfície, o que destruiu rios e florestas.
• Os programas do FMI na Tanzânia provocaram a perda de 40% de suas florestas entre 1980 e 1993.
• Cerca de 40% da força de trabalho boliviana depende do tráfico de drogas para sobreviver.

• Os programas ambientais do Brasil tiveram de ser cortados em dois terços para se alcançarem os objetivos determinados pelo FMI. A assessoria prestada por este à Argentina durante a década de 1990 resultou no colapso total da economia em 2002 (desde 1994, os déficits do governo argentino foram causados pelo aumento dos juros sobre empréstimos externos).

Quanto ao Banco Mundial, sua fascinação mórbida pelas grandes corporações e os projetos dispendiosos, os planos monumentais de desenvolvimento e as burocracias cerradas manteve-se à custa dos habitantes dos países que ele alegava ajudar. O banco chegou a gabar-se perante o Congresso americano de que cada dólar que este lhe transfere volta triplicado para as firmas americanas, que assim podem construir estradas, represas e outras estruturas faraônicas.

Desde 1948, o Banco Mundial vem financiando grandes projetos de represas que expulsaram cerca de dez milhões de pessoas de seus lares e terras. No relatório "Reassentamento e Desenvolvimento", de 1994, o banco admitiu que a vasta maioria dos expulsos nunca recuperou sua antiga renda e nunca se beneficiou das represas.

Ironicamente, o FMI anunciou em 1999 que estava alterando o nome de seu departamento de ajuste estrutural para Poverty Reduction and Growth Facility (PRGF) (Redução da Pobreza e Estímulo ao Crescimento) — precisamente o que ele não é.

Que fazer, então?
• Reformar ambas as instituições para torná-las mais democráticas e abertas.
• Galvanizar novos esforços a fim de cancelar dívidas insustentáveis.
• Mudar o enfoque de grandes empréstimos a serem aplicados em infra-estrutura para empréstimos pequenos a pequenos empresários.
• Pôr termo à tirania dos programas de ajuste estrutural.
• Ajudar países a evitar empréstimos ensinando-lhes uma maneira de criar, eles pró-

prios, o dinheiro de que necessitam, além de pagar suas dívidas em moeda nacional.

Quota de votos no FMI		Proporção da população mundial
Estados Unidos	18%	4,3%
Índia	1,9%	17%

Graham Hancock,
The Lords of Poverty,
Macmillan, 1989,
ISBN 0333439627

Grandes moedas e o euro

Ainda o sonho do ouro

■ *"'Francamente', disse o Espantalho, 'você devia envergonhar-se por ser tão embusteiro!'"*
— Frank Baum, The Wonderful Wizard of Oz, diatribe cifrada contra o padrão-ouro e a escassez de dinheiro

O notável psicólogo Carl Jung achava que o diretor do Banco da Inglaterra, à época da Grande Depressão, era louco. Com efeito, ele tinha obsessão por ouro.

Conta-se que o diretor Montagu Norman cruzou o Atlântico disfarçado de "Sr. Skinner", em 1929, para um encontro secreto com funcionários do departamento de finanças americano, na tentativa de introduzir um breve choque econômico a fim de forçar os Estados Unidos a voltar ao padrão ouro. Mas o resultado foi a depressão.

Maravilhosa conspiração, essa. E não há dúvida de que tentar fixar de novo a libra segundo o valor do ouro — grande sonho imperial de um dinheiro sólido e vitoriano — foi um desastre. Os ministros britânicos tinham uma idéia tão lisonjeira de sua própria importância — e da de sua nação — que acabaram fixando alto demais o valor da libra. Assim, ninguém mais pôde comprar mercadorias inglesas e as fábricas fecharam.

Ora, todas as vezes que fábricas fecham as portas, corta-se um pouco mais os gastos públicos. O resultado foi uma espécie de morte, do tipo que acontece quando pessoas sem dinheiro, mas dispondo de tempo e habilidades, não conseguem entrar em contato com empregadores.

Quando restabeleceu o padrão ouro para a libra em 1925, Winston Churchill pintou um quadro romântico das moedas internacionais, que "variam juntas como navios no porto, unidos pelo passadiço e que se erguem e abaixam ao mesmo tempo conforme a maré". Isso lembra um pouco o euro. O euro é outro sonho de moedas iguais: mais uma vez, o grande sonho imperial do ouro, do dinheiro padronizado.

Mas a questão é que, quando se padroniza o dinheiro, padroniza-se o povo — o que é uma forma de mentira. E quando se contam mentiras em economia, as coisas desmoronam. Nos anos 1990, os banqueiros sonhavam com moedas globais gigantescas — e os países latino-americanos ligaram entusiasticamente suas moedas ao dólar. Mas quando o peso argentino entrou em colapso, em decorrência disso, eles tiveram de repensar o assunto.

Atrelar o peso ao dólar americano deu aos argentinos estabilidade, mas uma estabilidade que os empobreceu, pois o dólar presta-se a uma economia muito diferente. Eis o problema com o euro: moedas únicas tendem a favorecer os ricos e a prejudicar os pobres.

Isso acontece porque mudar o valor de sua moeda e variar sua taxa de juros é o modo pelo qual os países em desvantagem conseguem tornar seus produtos mais acessíveis. Quando os impedimos de tomar semelhante medida, bloqueamos cidades e regiões inteiras. Elas não conseguem escoar seu comércio.

Mesmo na Grã-Bretanha — onde o norte manufatureiro é bem diferente da City de Londres — uma moeda única significa que os ricos se tornam mais ricos, já que nem todos somos iguais. Não quer dizer que haja algo errado com o euro em si; mas, como moeda única, ele é apenas outro sonho do ouro, o que não funciona universalmente.

Qual é, pois, a solução? Possuir moedas complementares que possam sustentar regiões, cidades e comunidades — não em lugar da libra ou do euro, mas a seu lado (ver p. 169)? O euro já é aceito por grandes varejistas no Reino Unido, de sorte que o mundo das moedas múltiplas começa a esboçar-se.

Jane Jacobs,
Cities and the Wealth of Nations: principles of economic life,
Penguin, 1986,
ISBN 0394729110

Inovadores do dinheiro 1

Adam Smith e o livre comércio

■ *"As pessoas do mesmo ofício raramente se encontram para lazer ou passatempo: sua conversa acaba descambando para uma conspiração contra o público ou para alguma maquinação para subir preços."*
— Adam Smith, *A Riqueza das Nações*

Adam Smith era filho do agente da alfândega de Kirkcaldy, na Escócia. A data exata de seu nascimento é desconhecida, mas ele pertenceu à grande geração dos libertários e filósofos práticos que também nos deu David Hume e Benjamin Franklin. É igualmente conhecido como o pai do "livre comércio" graças a seu livro *A Riqueza das Nações* e à idéia — que, na verdade, só mencionou uma vez — da "mão invisível" do mercado.

Adam Smith era, de fato, um filósofo moral; não acreditem, pois, nos modernos apologistas das megacorporações quando dizem que, de algum modo, os negócios constituem um mundo tipicamente amoral onde tudo o que conta são os lucros e os dividendos distribuídos aos acionistas. Na filosofia de Smith, os negócios se alicerçavam na ética.

Esses apologistas tampouco encontrarão apoio da parte de Adam Smith para a concentração do poder econômico, resultante de fusões ou aquisições de empresas. O livre comércio, a seu ver, não significava deixar de limitar o poder dos já poderosos — muito ao contrário. As corporações modernas, duas das quais controlam metade das importações de cereais para os Estados Unidos, tê-lo-iam horrorizado. Segundo sua definição, elas de modo algum praticam o livre comércio.

Também não é isso o que queriam dizer os antigos defensores ingleses do livre comércio que militavam no Partido Liberal Vitoriano. Para John Bright e Richard Cobden, fazer campanha em prol do livre comércio era tão natural quanto exigir o fim da escravidão. Significava o direito à liberdade e à igualdade nas transações, sem a interferência do Estado. Jamais advogaram o direito dos ricos e poderosos a avassalar os pobres.

Mas há coisa pior. Os atuais apologistas das grandes corporações sentem horror aos empreendimentos independentes ou ao que quer que elas não consigam controlar. O mundo natural, por exemplo, é abundante e variado, e mantém as pessoas livres: as megacorporações andam fazendo o que podem para perturbá-lo, limitá-lo e forçar as pessoas a comerciar. Quando não o conseguem, destroem-no com organismos geneticamente modificados. E nem isso é novo: os governadores imperiais, na África, desconfiados da auto-suficiência, costumavam obrigar os nativos a plantar os produtos agrícolas mais importantes taxando-os em moeda imperial.

O livre comércio deve implicar a liberdade de escolha. Eis por que devemos comemorar a perpétua sobrevivência da diversidade natural. Por exemplo:

- Em Java, pequenos fazendeiros cultivam 607 espécies nos jardins de suas casas.
- Na África subsaariana as mulheres chegam a cultivar 120 plantas diferentes nos espaços deixados ao longo das lavouras comerciais, o que constitui a principal fonte de segurança alimentar da família.
- Um único jardim doméstico na Tailândia possui mais de 230 espécies, enquanto os jardins africanos têm mais de 60 tipos de árvores.
- As famílias camponesas do Congo ingerem produtos de mais de 50 espécies diferentes de plantas.
- Um estudo feito no leste da Nigéria concluiu: jardins domésticos que ocupavam apenas 2% das terras da família eram responsáveis por metade do rendimento total da propriedade.
- Os jardins domésticos, na Indonésia, proporcionam pelo que se estima mais de 20% da renda familiar e 40% dos suprimentos alimentares da casa.

Pesquisa empreendida pelas Nações Unidas mostrou que fazendas pequenas com biodiversidade podem produzir milhares de vezes mais alimentos que as grandes monoculturas industriais.

As corporações globais não gostam nada disso e não são capazes de apreciá-lo devidamente, diz o adepto da biodiversidade Vandana Shiva: "Os consultores globais ignoram os 99% de processamentos de alimentos a cargo das mulheres em nível doméstico [na Índia] ou da pequena indústria rural porque ele não é controlado pela agroindústria globalizada; 99% dos produtos agrícolas processados na Índia vinham sendo intencionalmente mantidos no nível doméstico. Mas agora, pressionadas pela globalização, as coisas começam a mudar. Pseudolegislações em favor da higiene, que sufocam a economia alimentar baseada no processamento local em pequena escala, sob controle comunitário, são parte do arsenal utilizado pela agroindústria global a fim de monopolizar mercados pela força e coerção, não pela concorrência."

Isso não é livre comércio, é comércio compulsório. E Adam Smith certamente não o teria considerado ético.

> **Livre comércio em 2003**
> *A ajuda total prometida pelo presidente George W. Bush à África é de 25 bilhões de dólares. A África precisa deles porque seus produtos agrícolas de exportação não podem concorrer com os da América. Por quê? Porque o governo americano gasta 20 bilhões em subsídios a seus fazendeiros — todos os anos.*

David C. Korten,
When Corporations Ruled the World,
Kumarian Press, 1995,
ISBN 1887208046

Inovadores do dinheiro 2

Keynes e o que fazer quando o dinheiro deixa de funcionar

■ *"O que gastamos em subsídios a desempregados na Inglaterra desde a guerra teriam transformado nossas cidades nas mais portentosas obras humanas do mundo ... o dinheiro assim gasto ... tornaria desnecessários quaisquer subsídios."*
— John Maynard Keynes,
National Self-Sufficiency, 1933

A quebra de Wall Street em 1929 anunciou um desastre econômico mundial (ver p. 129). Até os dois maiores economistas da época, John Maynard Keynes e Irving Fisher, perderam boa quantia de dinheiro. O mundo mergulhou a seguir na miséria da Grande Depressão — o efeito extraordinário do medo na economia —, cortando despesas e mais despesas. A solução proposta por Keynes, metido em seu escritório de Cambridge, foi desequilibrar o orçamento do governo, pedir dinheiro emprestado e gastá-lo. "Os sabichões costumam dizer que não podemos gastar mais do que ganhamos", comunicou ele em carta ao *Manchester Guardian* em 1932. "Isso, sem dúvida, é verdadeiro para o indivíduo, mas absurdamente errôneo em se tratando da comunidade como um todo."

Políticos e economistas estimulavam o povo a sacrificar-se e cortar despesas. Mas induzir pessoas a poupar não torna ninguém rico, dizia Keynes. Se economizássemos tudo e não gastássemos nada, todos morreríamos. Somos crianças ricas, clamava ele, por isso devemos gastar. Dinheiro é vida.

"À nossa frente, atravessando o caminho, só há uns poucos cavalheiros idosos bem-abotoados em suas sobrecasacas, que só precisam ser tratados com um pouquinho de desrespeito amistoso e derrubados como pinos de boliche", declarou Keynes. "E é mesmo provável que gostem disso depois de se recuperarem do choque."

A concepção keynesiana implicava que os governos podiam salvar suas economias moribundas e o presidente Roosevelt aprendeu a lição com a política do New Deal nos Estados Unidos. Quanto a Keynes, exauriu-se negociando a gigantesca dívida da Grã-Bretanha e esboçando o mundo financeiro do pós-guerra. Morreu com apenas 62 anos. Suas idéias saíram de circulação pelas razões seguintes:

• *Estatística*. O keynesianismo foi açambarcado por econometristas e tecnocratas. Keynes sempre viu com ceticismo o uso exagerado de estatísticas em economia, embora haja inventado o PNB. Como Adam Smith, considerava os problemas econômicos como crises morais.

- *Governos*. Os governos perderam a capacidade de prever gastos, especialmente nos anos de autoludíbrio que assistiram à guerra do Vietnã. Resultado: inflação galopante.
- *O próprio Keynes*. No final das contas morremos, disse Keynes a propósito do que acontece quando pedimos emprestado e gastamos. Mas aqueles que continuam vivos precisam de mais orientação.
- *Margaret Thatcher*. Ela aboliu os controles cambiais em 1979 a fim de forçar os governos do mundo a pedir menos empréstimos e economizar. Hoje, se você tomar empréstimos demais, os donos do dinheiro derrubarão imediata e catastroficamente o valor de sua moeda. (Isso ainda não se aplica aos americanos; ver p. 97.)

Entretanto, o keynesianismo não morreu. Seu espírito continua vivo, quando não a convicção de que os seres humanos podem assumir algum controle sobre o sistema monetário e de que a economia confina também com a ética. Se os governos só se preocuparem com a inflação — permanecendo cegos aos perigos da Depressão e do medo —, nós precisaremos retomar suas habilidades perdidas. A deflação está de volta — agindo na economia japonesa — e a economia mundial está de novo ameaçada.

Paul Strathern,
A Brief History of Economic Genius,
Texere, 2002,
ISBN 1587991284

Seção II

Informação e Dinheiro

O dinheiro costumava ser algo que se podia ver e pegar.
Vai ficando cada vez mais incorpóreo, abstrato e
vago – flexível para os ricos, rígido para os pobres – e
está na iminência de levar de roldão até o mundo real.

Tigres de papel

A evolução do dinheiro alegre e o nascimento dos bancos

■ *"A Moeda, conforme a manejemos, é uma máquina maravilhosa. Desempenha uma função quando a emitimos; paga e veste exércitos, fornece provisões e munição; e quando somos obrigados a emitir uma quantidade excessiva, resgata-se pela depreciação."*
— Benjamin Franklin, que imprimiu notas pessoalmente

Nos dias que correm, as notas são feitas de polipropileno, freqüentemente recicladas e transformadas em carrinhos de mão. Parece absurdo, mas tempo houve em que elas foram a maravilha do mundo.

O dinheiro que por si mesmo nada vale, mas representa a coisa real, foi em parte conveniência (China), em parte um esquema bri-lhante para aumentar a riqueza do mundo (França) e em parte um ato revolucionário (América). Foi também uma espécie de caixa de Pandora, que nunca conseguimos fechar — e provavelmente não queremos —, mas traz consigo inflação e riqueza desenfreada, além de outros pesadelos e tragédias que rondam o dinheiro hoje em dia.

Tudo foi fácil sob Cublai Cã, conforme descobriu Marco Polo nos anos 1270, porque lhe bastava dizer quanto valia o papel e trucidar quem discordasse. Mas quando o pioneiro de Estocolmo, Johan Palmstruch, imprimiu notas no século XVII, foi condenado à morte por provocar inflação.

Um aventureiro escocês chamado John Law fugiu para Paris em 1716, depois de matar um homem em duelo em Londres. Seu papel-moeda — baseado no valor de terras no Mississippi — fê-lo por breve tempo o maior ricaço do mundo (ver p. 127). Como transformasse toda a dívida nacional francesa em papel-moeda, a bolha provocou tremendo colapso no valor quando o edifício inteiro desabou — e ele teve de dar o fora de Paris para salvar a pele. O incidente abriu caminho para a Revolução Francesa, três gerações mais tarde.

Lenine disse que a melhor maneira de destruir o sistema capitalista era corromper a moeda. "Lenine, sem dúvida, estava certo", escreveu Keynes algumas décadas depois. "Não há meio mais sutil e mais seguro de solapar as bases da moderna sociedade."

A verdade era que a caixa de Pandora já fora aberta pelos primeiros banqueiros, os quais, muitas vezes, desempenhavam o ofício de ourives. Faziam empréstimos e adiantamentos sob a forma de ordens de pagamento ou notas promissórias, sabendo que possuíam quantidade suficiente de dinheiro para subscrever o débito. Porém, não tardaram a perceber que podiam emprestar mais que o valor do ouro mantido em depósito, pois as pessoas raramente o exigiam. De fato, se fossem espertos, podiam emprestar dez vezes o que tinham guardado — e deixá-lo circular como dinheiro.

Essa artimanha nem sempre funcionava: o rei inglês Eduardo III tomou emprestada vasta soma para financiar a Guerra dos Cem Anos e depois simplesmente se declarou falido. Seus banqueiros italianos foram à bancarrota. Entretanto, de um modo geral, os bancos emprestavam papel-moeda (hoje, apenas sinais de informática) com valor muitíssimo superior a tudo quanto tivessem em depósito. Isso mesmo: eles realmente criam dinheiro ao emprestá-lo; o dinheiro existe e rende juros.

Tal o processo conhecido como "reserva bancária parcial" e que está por trás da criação de cerca de 97% do meio circulante (ver p. 17). Mas quem quer que já tenha visto uma "corrida" aos bancos, como no filme *It's a Wonderful Life* — quando todos entram em pânico e querem seu dinheiro de volta —, sabe dos riscos que nos rondam pelo fato de tamanha proporção de nosso dinheiro ser criada dessa maneira. O superendividado sistema bancário japonês está na iminência de exigir todos os seus empréstimos e mergulhar o mundo numa terrível crise econômica por meio século. Os tempos que correm são mais perigosos do que os banqueiros nos querem fazer crer.

James Buchan,
Frozen Desire,
Picador, 1997,
ISBN 0330369318

Bancos centrais

A velha dama de Threadneedle Street

■ *"Acho que as instituições bancárias são mais perigosas para nossas liberdades do que exércitos de prontidão ... O direito de emitir deveria ser arrebatado aos bancos e devolvido ao povo, seu legítimo titular."*
— Thomas Jefferson

Há algo com os bancos centrais — por natureza lugares fechados, insondáveis e secretos — que levanta teorias de conspiração, especialmente nos Estados Unidos da América. Fundamentalistas e seitas bizarras de direita, por exemplo, murmuram que esses bancos foram fundados para controlar o dinheiro do mundo e criar o seu próprio. Se isso chegou a ser verdade um dia, não o é mais. A verdade é muito mais inquietante.

É certo que o Federal Reserve dos Estados Unidos foi instituído em 1913 como empresa privada e ainda continua a sê-lo — embora seus diretores sejam nomeados pelo governo, que empalma todos os lucros. Também é certo que o Banco da Inglaterra, estabelecido numa terceira tentativa em 1694 pelo aventureiro das finanças William Patterson, era igualmente uma empresa privada. Foi, porém, nacionalizado em 1946. Sabe-se ainda que a impertinência, a arrogância e os disparates dos bancos centrais de todo o mundo provavelmente aprofundaram a Grande Depressão; mas isso é incompetência e não conspiração. Os bancos centrais trazem de olho o sistema financeiro mundial; contudo, poderão fazer alguma coisa se algo sair errado?

O livre comércio, como o Cato Institute, ainda sonha com uma vida sem bancos centrais, onde as forças do mercado deslocariam facilmente o dinheiro de cá para lá. Mas, então, não existiriam mais instituições aptas a garantir estabilidade financeira para as transações diárias, com dinheiro eletrônico circulando pelas telas dos computadores dos novos comerciantes de Londres, Tóquio e Nova York.

Antes, os bancos centrais tentaram fazer isso comprando ouro, às vésperas da Primeira Guerra Mundial. Em meados de 1990, os Estados Unidos conseguiram adquirir ou tomar emprestado metade do ouro jamais prospectado no mundo, mantendo-o nos subterrâneos do Forte Knox ou do Federal Reserve. Ali, boa parte dele ainda permanece, sob as ruas de Nova York, protegida por duzentas toneladas de concreto em volta das janelas e um exército privado nos corredores.

O problema, entretanto, é que isso já não funciona. À mínima ameaça de inquietação financeira, qualquer banco central pode balançar. Os bancos japoneses estiveram a pique de ruir três vezes depois de 1980; os bancos americanos precisaram da maior fiança da história quando as "poupanças e empréstimos" (companhias de construção) entraram em colapso nos anos 1980. O Banco Mundial menciona 69 países que passaram por crises bancárias desde o final da década de 1970 e 87 onde houve corridas aos bancos. Às vezes, é claro, os mercados estão certos. Mas tendem a exagerar nas medidas corretivas, com conseqüências devastadoras (ver p. 20).

O ex-banqueiro Bernard Lietaer calculou que, em meados dos anos 1980, se 5% dos grandes corretores vendessem a moeda do país, isso significaria uma pressão de $3 bilhões, pressão que quase todos os bancos centrais conseguiriam suportar. Hoje, com $2.000 bilhões mudando de mãos diariamente, 5% equivaleriam a uma avalanche de $100 bilhões contra a moeda — e nenhum banco central suportaria isso. "Atualmente", diz ele, "todas as reservas combinadas de todos os bancos centrais juntos (cerca de

Dinheiro incorpóreo

Venda de ar

$1.300 bilhões) ... seriam tragadas em menos de um dia de transações normais." A perspectiva é aterradora.

Que podemos fazer a respeito?
- Pôr de parte mais reservas
- Taxar a especulação financeira segundo o índice Tobin Levy (ver p. 137)
- Estabelecer uma moeda estável global (ver p. 149)

Transações cambiais diárias no mundo	
1975	$15 bilhões
1983	$60 bilhões
1998	$1.500 bilhões
2000	$2.000 bilhões

Bernard Lietaer,
The Future of Money,
Century, 2001,
ISBN 0712699910

■ *"É como vender ar."*
— Veredicto do corretor manhoso Nick Leeson sobre um mundo em que a Bolsa Mercantil de Nova York consegue comercializar 200 milhões de barris de petróleo — quatro vezes a quantidade ainda existente no mundo.

Nos tempos do padrão ouro, dos encouraçados *dreadnoughts* e de Sherlock Holmes, a balança dos pagamentos internacionais era organizada todas as noites sob as abóbadas dos grandes bancos do mundo — com a exaustiva tarefa de transportar barras de ouro do nicho britânico para o nicho francês, e assim por diante.

Isso já não acontece. Desde que Margaret Thatcher aboliu os controles cambiais em 1979, e desde o "Big Bang" da desregulamentação na City de Londres, o sistema financeiro tornou-se um turbulento fenômeno eletrônico controlado por uma gigantesca rede de computadores globais. O dinheiro já não é metálico: é uma série de *bytes* de informação sobre débitos, correndo mundo à razão de $2.000 bilhões por dia.

Eis por que o chanceler britânico Norman Lamont pôde descrever assim a Quarta-feira Negra em 1992, quando a libra foi expelida do Sistema Monetário Europeu: "É como ser arrebatado por um furacão."

Trata-se de um sistema defendido, não por fechaduras ou guardas, mas por códigos de computador. As decisões financeiras às vezes têm de ser tomadas em segundos. Os computadores chegam a comprar e vender automaticamente em diversos níveis de mercado. O mundo real de bens e serviços viu-se diminuído em mais de vinte vezes pelos especuladores.

O comércio já não é o objetivo do dinheiro. Na geração passada, a especulação correspondia a um terço do que era gasto com bens e serviços. Agora, o comércio encolheu em conseqüência de uma cascata de especulação em ações, títulos de dívida, futuros e, principalmente, moedas estrangeiras — e ela cresce cerca de um quarto por ano. O sistema financeiro mundial está nas mãos de rapazes cúpidos de 24 anos que operam em Wall Street e na City de Londres, aproveitando-se da instabilidade.

Pior ainda, se um jogador bem-sucedido como o desacreditado Michael Milken (ver p. 132) pôde ganhar ao que se calcula $1,5 milhão por dia em fins da década de 1980, mercadejando títulos podres, ninguém se sente estimulado a trabalhar na economia real de bens e serviços — e muito menos como professor ou enfermeira. Em outras palavras, a irrealidade dá lucro.

As conseqüências para o mundo real são às vezes aterrorizantes. A Quarta-feira Negra sugou 25% do valor das transações britânicas num único dia, mas na manhã seguinte tudo estava na mesma — os mesmos edifícios, os mesmos produtos e os mesmos funcionários em suas escrivaninhas. Entretanto, uma catastrófica descrença tornara-os muito menos valiosos.

Quando a crise financeira asiática atingiu a Indonésia em 1998, de novo nada de real mudou; porém, soldados arrancaram pacientes de um hospital e puseram-nos na rua à ponta de baioneta porque a dívida em dólares da instituição já não era sustentável.

A imagem é crucial para o mundo pós-moderno da moeda eletrônica, assim como a confiança. Se o mundo acredita que uma coisa é valiosa, ela o é, assim como o público de Peter Pan consegue reviver a Fada Sininho apenas acreditando nela.

Tal é o sistema financeiro moderno e temos de conviver com ele. Mas devemos lembrar que o poder do mundo do dinheiro virtual sobre nós é dado por nós. Nós o escolhemos e podemos escolher outro.

Joel Kurtzman,
The Death of Money,
Simon & Schuster, 1993,
ISBN 0671687999

Os mercados de ações

Os Big Bangs do mundo

■ *"Os especuladores não causam mais danos que uma bolha no fluxo contínuo de uma empresa. Mas a coisa fica mais séria quando a própria empresa se torna a bolha no torvelinho da especulação. Quando o desenvolvimento do capital de um país passa a ser um subproduto de cassino, o trabalho terá sido malfeito."*
— John Maynard Keynes

As grandes bolsas de Londres, Nova York e Tóquio — bem como suas primas menores como a Dax e a Nasdaq — estão se tornando cada vez mais o foco primário do mundo. Operadores, banqueiros e corretores manuseiam febrilmente a fita que registra as flutuações do mercado de ações ou vivem grudados à tela da televisão acompanhando os novos canais financeiros como o Bloomberg, como se suas vidas dependessem disso — na esperança de vislumbrar alguma tendência que possa, durante alguns minutos, assegurar-lhes uma oportunidade de ganho.

É um fenômeno perturbador a crescente dependência mundial dessa gigantesca loja de apostas. Graças às nossas pensões e seguros, todos participamos de seus altos e baixos. E, se o colapso dos mercados em 1929 conduziu indiretamente à Segunda Guerra Mundial, nós hoje estamos tão dependentes dessas flutuações do mercado — e dos sistemas de entrega *Just in Time* para nossa alimentação — que um colapso comparável poderia trazer conseqüências devastadoras e imprevisíveis.

Durante a fome irlandesa nos anos 1840, muitos sucumbiram porque só dispunham da batata, e ainda assim de uma variedade contaminada pela ferrugem. No século XXI, nossa dependência do dinheiro significa que, se este falhar, teremos poucos sistemas eficientes a que recorrer.

A despeito de chamarem tanto a atenção em nossos dias, há muita mitologia em torno do que eles fazem e de como operam.

Não se trata na verdade de investimento. O objetivo principal das bolsas já não é proporcionar investimentos de capital para os negócios. Quando as ações são vendidas a primeira vez, é isso que acontece — mas, a seguir, as subidas e quedas são apenas subidas e quedas. Elas não geram dinheiro extra para as empresas cujas ações são comercializadas, apenas para os fundos de pensão e os investidores que estão especulando.

Não há muita competência. As decisões de investimento nem sempre são tomadas por especialistas competentes, embora possa parecer assim. Boa parte das compras e vendas é feita automaticamente pelo computador, quando os mercados atingem determinado nível. Como observamos durante o fiasco do ponto.com (ver p. 133), muitas recomendações de compra por parte de consultores financeiros dos grandes bancos comerciais eram influenciadas pelo fato de suas instituições estarem ou não envolvidas na emissão dos papéis.

Não há objetividade. Os mercados não são os guias objetivos que dizem ser em se tratando do valor das empresas. Quando da explosão do ponto.com, o índice Dow-Jones, em Wall Street, atingiu um pico superior a 11.000 pontos. Chegara a apenas 1.000 pontos em 1972 e logo passou a flutuar a uma taxa de 1.000 pontos por ano, acrescida de um terço só em 1997. Será isso uma medida objetiva do valor das empresas americanas? Não o creio.

As impressionantes avaliações da bolsa não significam que as companhias sejam realmente valiosas. Talvez estejam apenas na moda, como no caso das ponto.coms. Talvez estejam endividadas até o pescoço e assustem os aventureiros que poderiam usar sua capacidade de empréstimo para comprá-las (base dos resgates alavancados, ver p. 131). Talvez estejam apenas sendo usadas como elemento secundário para tomar mais dinheiro emprestado a fim de comprar mais ações porque o mercado continuará crescendo (e continuará, não?).

Não significam coisa alguma. As flutuações não são uma base racional para se aquilatar a saúde da economia mundial. O prêmio Nobel de economia vem sendo dado ultimamente a teóricos que buscam padrões regulares e previsíveis nos mercados de ações. Tudo, do movimento das esferas astrológicas ao comportamento das moléculas de detergente, tem sido usado para deduzir de que modo os mercados irão se comportar. Muitas firmas de seguros e bancos dos Estados Unidos recorrem a clarividentes e astrólogos.

Não são um serviço público. Não se pense que corretores e clientes estejam do mesmo lado. "Quando um cliente me telefonava para dizer alô, eu logo me preparava para confundir-lhe a cabeça e empurrar-lhe alguma coisa", diz o corretor Frank Partnoy no livro *F.I.A.S.C.O*, de Morgan Stanley, ao descrever a venda de um derivativo imprestável atrelado ao peso mexicano, emitido por uma companhia *offshore* que faliu em 1994.

As pessoas levam por demais a sério a mitologia do mercado. O preço da terra, em

Tóquio, subiu dez vezes durante os anos 1980, o que transformou seus proprietários nos maiores banqueiros do mundo. As companhias japonesas também podiam utilizar isso como recurso para adquirir empresas por todo o globo. Resultado: uma dívida esmagadora e insustentável que ainda ameaça engolir os grandes bancos japoneses e, com eles, o resto da economia mundial.

Portanto, as empresas não são tão estáveis quanto parecem. As cem maiores do mundo controlavam ativos da ordem de $3.500 bilhões; mas desde que Charles Dow e Edward Jones inventaram seu índice Dow-Jones em 1896, só uma sobreviveu (General Electric). As demais foram dissolvidas, fragmentadas por piratas corporativos, esquecendo-se até seus nomes outrora poderosos.

Em nossos dias, quando com justiça acusamos as corporações de abusar de seu imenso poderio, vale a pena lembrar que ainda há algo mais forte que elas: dinheiro, sistema bancário e serviços financeiros.

Conclusão: os mercados financeiros não são, afinal de contas, tão competentes assim.

John Gray,
False Dawn: The Delusions of Global Capitalism,
Granta Books, 1998,
ISBN 1862075301

Seguro

Os perigos que rondam nossa segurança

■ *"Não é dando a vida, mas arriscando-a, que o homem se ergue acima dos animais."*
— Simone de Beauvoir, *O Segundo Sexo*

Não é experiência agradável ver nossa casa queimar ou alguém roubar nosso carro. Mas a idéia de não perder financeiramente — embora só depois de meses de brigas com a companhia de seguros — constitui pelo menos um pequeno alívio.

O seguro nasceu na antiga Babilônia, mas não prosperou muito. Em Londres, no século XVII, ele deslanchou: a idéia era garantir os armadores contra perdas. Em 1688, Edward Lloyd administrava uma cafeteria onde mercadores e banqueiros londrinos se reuniam informalmente para comerciar; o resultado foi a fundação da Lloyd's de Londres e o início do seguro moderno.

No século XX, o seguro se tornou uma necessidade. O seguro de automóveis era compulsório, só com um seguro residencial se podia comprar uma casa e, sem um seguro de saúde, em alguns países, a pessoa ficava na rua se adoecesse. Os problemas começaram quando as seguradoras passaram a colocar as pessoas em diferentes "categorias".

Nos Estados Unidos, quem pertencesse a minorias étnicas era considerado um risco sério. Pessoas com nomes estrangeiros não conseguiam fazer uma apólice. Um relatório de 1933 advertia que aceitar até um nome como "Ellis" podia ser perigoso porque algumas pessoas que o tinham eram originárias do Oriente Médio. Manuais de subscrição incluíam mapas com linhas vermelhas traçadas para indicar vizinhos afro-americanos onde não se deveriam vender apólices. Ainda em 1962, uma companhia de seguros de Manhattan teria utilizado mapas em que vastas áreas de diversos bairros de Nova York estavam sombreadas com lápis vermelho.

As tais linhas vermelhas foram consideradas ilegais nos Estados Unidos, e bancos e seguradoras de ambos os lados do Atlântico negam veementemente que continuem a ser usadas. No entanto, nada menos que 10% da população britânica não conseguem abrir conta num banco, quanto mais adquirir uma apólice de seguro. O Community Reinvestment Act do presidente Carter (1977) obrigou os bancos a revelar onde emprestavam seu dinheiro e a pagar pesadas somas se deixassem de fazê-lo nos locais em que aceitavam depósitos. O governo do Reino Unido não quis adotar tais medidas.

Mas as seguradoras continuam na linha de frente:

- O número crescente de queixas por parte dos advogados do tipo não ganha/não recebe significa que cidadezinhas e pequenas empresas estão cancelando eventos — de festinhas de comunidades religiosas a espetáculos de fogos de artifício — porque não podem fazer o seguro.
- A identificação de genes no caso de doenças cardíacas, câncer e outras moléstias crônicas já vem induzindo as companhias de seguros a exigir mapeamento genético para evitar a ameaça de uma nova subclasse de "não-seguráveis" — mais linhas vermelhas!
- As perdas das companhias de seguros em conseqüência do aquecimento global e do aumento das catástrofes naturais foram de 30 bilhões de libras na década de 1960 (em valores de hoje) e podem chegar a 200 bilhões anuais por volta de 2050. Isso talvez inviabilize completamente o seguro.

Que podemos fazer a respeito?
Uma revivescência do seguro parcial para algumas de nossas necessidades (vide as sociedades de amigos) manteria as grandes companhias de sobreaviso.

> **Sinal dos tempos**
> *Quando os habitantes de Sherston, no Wiltshire, se viram às voltas com uma apólice de 2.500 libras para cobrir sua tradicional noite da fogueira, substituíram o fogo por uma máquina de fazer fumaça e fitas vermelhas.*

Peter L. Bernstein,
*Against the Gods:
The Remarkable Story of Risk*,
John Wiley, 1997,
ISBN 0471295639

Fluxos de dinheiro

O que vai volta

■ *"O dinheiro foi feito redondo para rolar."*
— Confúcio

Não se trata apenas de quanto dinheiro existe num país ou comunidade. Trata-se de saber para onde ele vai, quem o embolsa e onde é aplicado. Por que o dinheiro aparece e desaparece em seguida, para ser investido em trustes estrangeiros e fábricas de armamentos?

É assim que você começa a refletir sobre o dinheiro quando supera a idéia de que ele não passa de metal precioso. Se examinar uma comunidade e calcular seu dinheiro nas contas bancárias coletivas, talvez obtenha um quadro bastante distorcido sobre quem é rico e quem é pobre. Mas, se descobrir onde ele foi colocado, a fim de circular e dar trabalho às pessoas, chega a um panorama mais claro.

O dinheiro que circula localmente é como sangue: mantém as comunidades vivas. Aproxima as pessoas que desejam coisas das que dispõem de tempo e matéria-prima para fornecê-las. De outro modo, tudo pára e morre.

Esse fenômeno é conhecido como Efeito Multiplicador; foi primeiro descrito por um discípulo de Keynes e aplicado a nações. Mas os economistas convencionais e os governos ainda não aceitam que também se aplica a cidades e comunidades.

Tomemos duas comunidades:

• A primeira tem um supermercado, que repassa parte dos ganhos a empregados locais e deposita o resto no mercado financeiro. Estudos com comunidades muito dependentes, como as reservas indígenas nos Estados Unidos, concluíram que 75% de seu dinheiro vão embora no prazo de 48 horas — para pagar contas de empresas distantes ou compras em mercados, o que remete seus ganhos todas as noites para o Arkansas.

• A outra possui uma série de lojas de pequeno porte e, quando um dos proprietários precisa de alguma coisa, pode comprá-la no próprio local. O que existe numa loja é usado por outra, e assim sucessivamente. Não apenas o centro da cidade é vibrante e ativo como os pequenos negócios são senhores de seu próprio destino. Seus donos não são transformados em empregados relutantes por supermercados despóticos.

Em ambas as comunidades pode entrar a mesma quantidade de dinheiro; mas uma é um deserto econômico enquanto a outra se mostra ativa, sustentável e "real". Se uma comunidade do tipo "supermercado" está ativa, é porque sugou a vida de suas vizinhas — cujas lojas sucumbiram.

Um estudo feito pela New Economics Foundation da Cornualha descobriu que uma libra gasta na mercearia local multiplicava-se quase duas vezes mais que a mesma quantia gasta no supermercado. E quando o Knowlsey Council de Merseyside avaliou seu efeito multiplicador local, constatou que a economia do lugar tornara-se um balde furado: somente 8% de seu volume alcançava os habitantes. Todo o resto escorria para os bolsos de consultores, grandes corporações e fornecedores de fora.

Como você tapa o furo? Saber que, quando o investimento chega à sua comunidade, comporta-se como um funil em direção aos negócios locais. E examinar também, criticamente, investimentos que possam valer mais a pena, porém funcionam como um guarda-chuva: fazem o dinheiro espalhar-se para as mãos de estranhos, sem praticamente chegar até o povo local.

Infelizmente, a maioria dos investimentos parece-se mais hoje em dia com um guarda-chuva do que com um funil. O efeito gota — a idéia de que dinheiro gasto com os ricos acabará por pingar de novo sobre os pobres — simplesmente não funciona. Na melhor das hipóteses o pobre só recebe isto: uma gota.

Nós freqüentemente investimos vastas somas em esquemas de recuperação ou para atrair empresas de fora que, o mais das vezes, só beneficiam os intermediários envolvidos. Ao primeiro sinal de alarme econômico, os investimentos desaparecem ou os donos das empresas procuram outro lugar melhor no globo para aplicá-los. Um leque local diversificado de pequenos negócios é mais estável, mais apto a distribuir riqueza e a criar um senso local de bem-estar do que algumas grandes lojas de varejo administradas por um conselho de ricaços em Londres ou Nova York.

Esse não é um argumento contra o comércio. É uma indicação de que lugares pobres freqüentemente dispõem de poder de compra e bens próprios que os grandes mercados ignoram; e de que podem usá-los para recuperar-se.

Quantia gasta num supermercado para criar um emprego local: £ 250.000.
Quantia gasta numa lojinha para criar um emprego local: £50.000.
Subsídios dos contribuintes do Reino Unido para fabricar 5.000 carros de Lorean: £ 77 m.
Subsídios dos contribuintes do Reino Unido para o fabricante de automóveis British Leyland: £2.500 m
Indenizações a diretores do Reino Unido falidos das 100 maiores companhias desde que o mercado de ações começou a cair em 2000: £170 m.

Bermie Ward e Julie Lewis,
Plugging the Leaks: Making the Most of Every Pound that Enters Your Local Economy,
New Economics Foundation, 2002,
ISBN 1899407529

A evolução do dinheiro eletrônico

O advento dos pontinhos na tela

"Enfrentamos um problema ao tentar definir exatamente o dinheiro ... a definição atual não nos fornece um meio eficaz de controlar o suprimento monetário."
— Alan Greenspan, presidente do US Federal Reserve, em depoimento ao Congresso a 17 de fevereiro de 2000

Pode o dinheiro tornar-se ainda mais incorpóreo do que já é? Pode, sim. Na verdade, enquanto ficamos sentados, ele até se projeta para fora do globo.

O lucro exigido dos investimentos está mesmo além do que o mundo natural pode produzir — portanto, é insustentável. Os produtos comercializados em Wall Street e na City de Londres muitas vezes nem sequer existem na realidade. Os corretores chegam a comprar cobre no mercado futuro — o direito a adquiri-lo por determinado preço em determinada data —, sem nenhuma relação com a quantidade que de fato existe na terra. Os derivados são ainda mais surrealistas (ver p. 135).

Somente 3% do dinheiro em circulação são notas e moedas "reais"; o resto não passa de cifras no computador. Mas mesmo o dinheiro vivo já começa a ser substituído por *bytes* em cartão magnético. Na Finlândia se pode comprar um refrigerante ou reservar uma vaga de estacionamento por telefone: o preço será debitado na conta do celular.

McDonald's, Microsoft e muitas outras corporações chegaram a testar seu próprio dinheiro eletrônico. Moedas da Internet como beenz.com e *i-points* circularam por algum tempo. Existem hoje sete trilhões de *flyer points* e *Air Miles* não usados no mundo.

O dinheiro eletrônico não é necessariamente uma coisa má; significa que não precisamos andar por aí com os bolsos cheios de moedas pesadas e caras. Pagar eletronicamente pequenos itens é mais conveniente e

barato. O Reino Unido gasta mais de 250 milhões de libras anualmente para imprimir, transportar e guardar seu dinheiro.

Quando da mudança para o euro, foram necessários oitenta caminhões por dia, durante três meses, para transportar as moedas antigas — e isso só na Bélgica.

Entretanto, precisamos ser cuidadosos com o dinheiro eletrônico. Se houver menos dinheiro concreto em circulação, menos sobrará para os pobres, que praticamente só confiam nele. Não poderemos dar esmolas aos mendigos, a menos que eles possuam seu próprio leitor de cartões para fazer a transferência eletrônica. E, num mundo em que as corporações sabem exatamente onde estão seus clientes, teremos dinheiro marcado que, em virtude das regras a que estará sujeito, circulará facilmente do celular para a Internet ou o cartão, mas evitará cuidadosamente os pobres.

O futuro do dinheiro eletrônico é que ele provavelmente será emitido por companhias de transporte, varejistas, empresas de telefonia e serviços públicos, que dispõem de infra-estrutura para lidar com transações de grande porte. Essas firmas provavelmente juntarão forças para lançar marcas diferentes e entrarão em concorrência a fim de colocar a sua nos cartões locais do governo, como o que logo será lançado para os passageiros do metrô de Londres. Trata-se de um negócio complicado, cheio de códigos, chaves e senhas a movimentar nosso dinheiro eletrônico — algo assim como votar. Com efeito, a patente de uma das primeiras moedas digitais, DigiCash, foi adaptada para rodar um sistema de apuração de votos.

É, porém, importante que nem todo dinheiro seja eletrônico ou com marca de fábrica. A pista para um sistema monetário mais justo é possuir quantidades de diferentes tipos de dinheiro (ver p. 169). Quanto menos tipos houver, mais passarão às mãos dos ricos.

Paul Gosling, *Changing Money: How the Digital Age Is Transforming Financial Services*, Bowerdean Publishing, 1999, ISBN 0906097452

Paraísos fiscais

Para onde vai todo o dinheiro?

■ *"Simplesmente não existem mais empregos e as estruturas de custos são proibitivas para a maior parte das indústrias. O cuco bancário tomou conta do ninho."*
— J. Christensen, ex-consultor econômico, Jersey

Eis um mistério digno de Agatha Christie, só possível pelo modo com que o dinheiro se transformou em informação. Onde, por exemplo, está o que restou do empréstimo de $4,8 bilhões que o FMI fez à Rússia, desaparecido quase todo ao chegar lá?

A resposta é que quase todo o empréstimo deixou a economia russa pelos circuitos secretos e anônimos dos paraísos fiscais, para reingressar nos mercados de capital em mãos privadas e ser respeitavelmente aplicado em Londres e Nova York.

A maioria desses paraísos fiscais são pontinhos no atlas, como Jersey, as Bahamas, as Ilhas Virgens britânicas ou Labuan, na Malásia — embora Luxemburgo, Suíça e mesmo setores semelhantes em Londres, Nova York e Dublin possam ser também incluídos. Esses pequenos lugares abrigam hoje uma quantidade impressionante da riqueza mundial.

Em virtude do caráter secreto que os rodeia — as autoridades de Jersey preferem o termo "confidencial" —, não sabemos muito a seu respeito. Uma estimativa recente fala em cerca de $6-8.000 bilhões, o equivalente a quase todo o montante do comércio mundial anual em bens e serviços, ou *um terço da riqueza do mundo inteiro*. Os depósitos mantidos nas Ilhas do Canal e na ilha de Man chegam provavelmente à cifra assombrosa de 400 bilhões de libras. Sim, tudo é secreto — mas a dada altura o Partido Conservador tinha quarenta contas bancárias em paraísos fiscais ao redor do globo.

Enquanto isso, vastas somas de capital especulativo fluem pelos tais paraísos, sem regulamentação e fora do controle dos Estados nacionais. Em Jersey e Guernesey, empresas não-estabelecidas podem negociar taxas de menos de 2%, motivo pelo qual multinacionais como a News International de Rupert Murdoch conseguem evitar praticamente todos os impostos. Nos Estados Unidos, cerca de $325 bilhões anuais ficam isentos, a maior parte graças à proteção dos paraísos fiscais.

Há também os reis das drogas, os operadores do mercado negro e os mafiosos, que usam os paraísos fiscais para lavar seus ganhos sujos. Só Chipre absorve uns $2,5 bilhões por ano da economia ilegal russa. O crime organizado manipula hoje cerca de $1.500 bilhão por ano em todo o mundo.

Mas, mesmo para as pequenas ilhas, o negócio é arriscado. O consultor financeiro de Jersey, John Christensen, advertiu que os bancos locais estavam sufocando todas as outras atividades econômicas. O turismo está decaindo e praticamente não existe mais agricultura. O custo de vida e de manutenção de propriedades subiu em conseqüência das atividades dos bancos.

O efeito "cuco no ninho" prejudica quem quer que viva perto dos grandes centros financeiros, como Londres. No fim, os serviços financeiros acabam expulsando todo o resto. A tomada de Jersey pelo tremendo poder do capital mundial é um aviso à Grã-Bretanha, onde a política econômica se volta para a indústria dos serviços financeiros e deixa sem amparo as manufaturas. Talvez o destino de Jersey seja uma visão assustadora do futuro para todos nós.

Dinheiro depositado em bancos privados:
1986 $4.300 bilhões
1997 $10.000 bilhões
2000 $13.000 bilhões
Fonte: Gemini Consulting

Kavalijt Singh, *Taming Global Capital Flows: Challenges and Alternatives in the Era of Financial Globalisation: A Citizen's Guide*, Zed Books, 2000, ISBN 1856497844

Propriedade

O poder oculto do dinheiro

■ *"A economia do futuro se baseará antes nos relacionamentos que nas posses."*
— John Perry Barlow

A coisa pode funcionar de duas maneiras. Transformar dinheiro em informação talvez o torne mais acessível: assim, ajuda-nos a encontrar aquilo de que precisamos para nos manter e muda por completo a natureza do sistema monetário. A informação não é sólida como o metal: quando você a vende, conserva-a ainda consigo — apenas um pouco desvalorizada.

Mas pode funcionar de outro modo. Quando o dinheiro se torna informação, os direitos de propriedade estendem-se de coisas como terra e bens a idéias, notícias, música e palavras. Ambos os processos se aceleraram na geração passada e a "propriedade intelectual" cresceu com as multinacionais acumulando ganhos sobre ela no mundo inteiro.

As patentes são às vezes importantes: permitem às companhias investir pesadamente em novos medicamentos sem medo de que alguém lhes roube a idéia após o registro. Entretanto, a exploração cúpida de direitos pode anular a inovação em outros lugares. A base da riqueza de algumas cidades medievais consistia em copiar e aperfeiçoar artigos importados, mas com uma conseqüência grave: canalizar a riqueza do mundo para as mãos dos já ricos.

Já é suficientemente mau que regras de patentes impossibilitem, por exemplo, o Terceiro Mundo de desenvolver seus próprios medicamentos genéricos contra a AIDS. Todavia, o acordo TRIPS da Organização Mundial do Comércio guindou esse processo a novos patamares. As normas do TRIPS podem ameaçar a existência de fazendeiros pobres ao entregar o controle a corporações que exploram no local os recursos genéticos vegetais. Ao patentear certas características genéticas, sementes e plantas, as companhias adquirem direitos monopolísticos para produzir e comercializar sementes impor-

tantes, além dos insumos necessários ao plantio. O conseqüente aumento dos preços das sementes pode comprometer o sustento dos fazendeiros pobres.

O problema é que o TRIPS baseia-se na concepção nortista de conhecimento e propriedade. Não protege pessoas e fazendeiros locais, cuja propriedade intelectual tende a pertencer à comunidade como um todo, muitas vezes fazendo parte de sua cultura e espiritualidade. Mais da metade dos remédios mais freqüentemente prescritos no mundo deriva de plantas ou cópias sintéticas de substâncias vegetais. Uma estimativa afirma que, se os fazendeiros locais do mundo inteiro recebessem apenas 2% de *royalties* sobre os recursos genéticos que desenvolveram, as grandes companhias farmacêuticas ficariam devendo mais de $5 bilhões só pelas plantas medicinais.

O exemplo mais notório foi a árvore *neem*. Em 1994, a empresa americana W. R. Grace obteve a patente de um fungicida derivado das sementes dessa planta, tradicionalmente usada na Ásia, África, América Central e do Sul como repelente de insetos na lavoura. A patente foi revogada pelo Escritório Europeu de Patentes em maio de 2000 sob a alegação de que não se tratava de uma tecnologia nova. Em outras partes, porém, a injustiça continua.

Há o caso do arroz *basmati*, por exemplo. Uma companhia chamada RiceTec, do Texas, conseguiu patenteá-lo em todos os lugares em que for plantado no hemisfério ocidental — sem falar em quaisquer híbridos de variedades paquistanesas e indianas com outras espécies criadas por fazendeiros locais. As variedades de arroz *basmati* foram desenvolvidas, ao longo de gerações, por plantadores do Punjabe. Essas variedades, de fato, foram doadas ao International Food Policy Research Institute, de Washington. Uma campanha maciça de representantes dos fazendeiros nativos persuadiu o escritório americano de patentes a ignorar ulteriores pretensões da RiceTec.

Pior ainda, a demanda por patentes lucrativas significa que grandes companhias farmacêuticas tendem a investir em pesquisa com drogas rendosas — pequenos progressos para queixas do Norte, como impotência sexual, em lugar de avanços significativos para problemas do Sul, como a malária. As drogas anti-AIDS visam antes às características da doença no Norte que às que estão devastando a África. Outros abusos:

• Mais de quarenta empresas farmacêuticas processaram o governo sul-africano por importar cópias baratas (conhecidas como genéricos) de remédios para a AIDS. Mais tarde, recuaram.
• A gigante do ramo farmacêutico, Glaxo SmithKline, também ameaçou Gana e Uganda por importarem genéricos desse tipo.
• Os Estados Unidos enredaram o Brasil em disputas na OMC por contornar o TRIPS fabricando um genérico do AZT, que custa apenas $3.000 por ano ao invés dos $15.000 cobrados nos Estados Unidos. A droga mais barata permitiu que sessenta mil pacientes de AIDS recebessem tratamento gratuito no Brasil.

O problema vai além das patentes. Investindo em companhias estrangeiras, as corporações adquirem direitos vitalícios sobre elas. Aos poucos, vão estendendo a posse permanente a áreas cada vez mais vastas do globo. Que fazer para devolver a propriedade ao povo, agora que sabemos que a nacionalização não funciona na prática?

Aqui vão três idéias:

- *Direitos que expiram.* Segundo o financista australiano Shann Turnbull, os direitos permanentes são ineficazes – nenhuma companhia vê além de vinte anos, de sorte que o sistema as está pagando demais. A alternativa, sugere ele, são os direitos a investimentos que expirem após vinte anos e revertam a monopólios locais que pagarão dividendos a cada cidadão todos os anos (ver p. 110).
- *Royalties aos cidadãos.* Todos os cidadãos do Alasca percebem um dividendo anual, do Alaskan Permanent Fund, de cerca de $2.000 anuais, pagos sobre os lucros do petróleo.
- *Quotas gratuitas.* O acatado jornalista financeiro Samuel Brittan sugeriu a concessão de quotas gratuitas de privatizações ao povo, como de direito – já que, teoricamente, o povo é o legítimo dono das grandes prestadoras de serviços.

The Free Lunch, Charles Bazlinton
Orchard Four, 2002, ISBN 0954410505

Globalização

O governo do dinheiro

■ *"O atual status quo mede apenas o dinheiro. Trata-se de uma espécie de sobrevivência dos economicamente mais aptos. Mas sua interpretação de "aptidão" – o comercializável, o lucrativo, o global – revela-se pateticamente inadequada. Os financeiramente "aptos" sobrevivem. Os outros – povo, comunidades, nações – são sangrados. Eis uma máquina devastadora que não se altera e não*

está construindo o mundo que a maioria de nós deseja."
— Anita Roddick, 2001

O pioneiro das corporações, John D. Rockefeller, alardeou certa feita que gostaria muito de pagar o salário de um milhão de dólares a alguém que fosse suficientemente brutal. "Ele deverá ser capaz de passar por cima de todos os freios morais com desdém verdadeiramente infantil", escreveu, "e, além de outras qualidades positivas, não ter escrúpulos de espécie alguma, estando sempre pronto a liquidar milhares de vítimas — sem um resmungo." Este é um dos aspectos do fenômeno conhecido como "globalização": a crença um tanto pueril de que, sabe-se lá como, a moralidade não se aplica ao mundo dos negócios e das finanças — de que, únicos na espécie humana, os senhores endinheirados do universo só têm deveres para com seus acionistas.

O segundo aspecto é a perversão do conceito de livre comércio — idéia inventada pelos liberais vitorianos como a próxima etapa na campanha contra a escravidão, para que os homens livres pudessem comerciar uns com os outros em igualdade de condições e assim defender-se do monopólio. Hoje, a mesma idéia é usada para justificar exatamente o oposto: o direito dos mais fortes a dominar os mais fracos, como um modo de tornar o mundo seguro para as corporações monopolísticas.

Mas o terceiro aspecto é que dá tanto poder à globalização e se encaixa tão bem aqui. Ela é acionada pelo movimento rápido, quase instantâneo, do capital eletrônico — um castigo devastador para países que saem da linha. Suas moedas podem entrar em colapso.

A conseqüência é um sistema, subsidiado e apadrinhado pelos governos, que transfere o poder para as mãos de um punhado de corporações transnacionais e transforma o mundo num parquinho para quem pode movimentar capitais ou projetos rapidamente, de um lugar a outro. É a idéia duvidosa segundo a qual os negócios beneficiarão a todos se transitarem de país para país sem quaisquer restrições — à cata de salários mais baixos, regulamentações ambientais menos severas, operários dóceis e desesperados. Trata-se de um mundo de capital nômade que nunca deita raízes, nunca constrói comunidades e só deixa para trás lixo tóxico e trabalhadores amargurados.

A globalização pode ser muitas coisas, nem todas desastrosas. A capacidade de acesso a recantos tenebrosos pelo mundo afora, antes escondidos, é uma força em prol do bem moral. Os ditadores ficaram expostos. Mas o império de uma cultura sobre outra, movido pelo tipo feroz de globalização que exige que as pessoas do mundo inteiro comerciem porque devem fazê-lo, não porque o querem, é uma história muito diferente.

A reforçar essa visão, temos a inacessível Organização Mundial do Comércio (OMC), à beira do lago de Genebra, decidindo sobre segurança alimentar ou impacto ambiental em sessões fechadas e secretas. Muitos países pobres não podem dar-se o luxo de manter delegações no local e ficam, por isso, excluídos. Os resultados estão aí para quem quiser ver: a incapacidade dos pequenos governos de investir na educação e na saúde, de regular os fluxos do capital que entra e sai — às vezes imposta sob forma de "ajuste estrutural" como parte da renegociação da dívida — e a redução de populações inteiras, ricas e pobres, a uma patética dependência. Por exemplo:

- Os povos tribais já não podem tirar água do antigo reservatório de Maharashtra, na Índia, porque ele foi vendido com exclusividade à Coca-Cola. O Banco Mundial vem pressionando a Índia a privatizar ainda mais água.
- A Pepsi tentou impedir que o povo estocasse água em seus tetos por toda a Índia. Coletar a água da chuva passou a ser ilegal em partes da Bolívia depois que esse país foi obrigado a vender suas distribuidoras a uma subsidiária da gigante americana Bechtel.
- A OMC decretou que as nações não devem distinguir entre apanhar atum sem matar golfinhos e apanhar atum pouco se importando com eles, nem discriminar carne obtida com hormônios de crescimento, mesmo

tendo ela um preço embutido superior ao da carne natural e saudável.

• A monopolista de sementes, Monsanto, vem perseguindo pequenos fazendeiros que guardam sementes para plantar no ano seguinte — o método tradicional. Ela chegou a desenvolver sementes que só germinam em conjunção com seus próprios pesticidas patenteados.

• Trabalhadores da Nicarágua foram condenados a dez anos de prisão porque pediram um aumento de $0,08 por par de *jeans* que confeccionavam para varejistas como Walmart, vendidos a $30 nos Estados Unidos.

Os sintomas da globalização agressiva estão à nossa volta, mas em parte alguma com tanta força quanto na dependência obrigatória dos povos mais pobres do mundo. "A ânsia de esmagar o pequeno inseto, a pequena planta, o pequeno camponês origina-se de um medo profundo", escreve o físico indiano Vandana Shiva, "o medo de tudo o que é vivo e livre."

A OMC tem algum potencial para amparar os mais pobres. Mas não antes que se modifique de modo a permitir que os mais pobres utilizem adequadamente seus mecanismos. E não antes que partilhe responsabilidades para implementar acordos ambientais.

Países versus corporações
(PIB ou vendas totais):

General Motors	$162 bilhões
Tailândia	$152 bilhões
Noruega	$150 bilhões
Ford	$145 bilhões
Mitsui	$142 bilhões
Arábia Saudita	$138 bilhões
África do Sul	$128 bilhões
Shell	$126 bilhões
Wall-mart	$117 bilhões
Malásia	$98 bilhões
Israel	$98 bilhões

Anita Roddick,
*Take It Personally:
How Globalisation Affects You
and How to Fight Back*,
Thorsons, 2001,
ISBN 0007128983

Seção III

O Dinheiro como Medida

O problema com o dinheiro é que ele não é uma boa craveira. Atribui elevado valor a coisas imprestáveis (Dunkin' Donuts), coisas perigosas (bombardeiros invisíveis) e coisas efêmeras (bijuterias Versace), mas dá pouquíssima importância ao que realmente conta, como o amor e a dedicação entre os seres humanos. Mesmo assim concedemos-lhe papel de destaque no governo do mundo.

Os primeiros contadores

Pacioli e a contabilidade

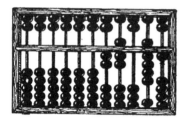

■ *"Utilize números o menos possível. Lembre-se de que seu cliente não gosta nem precisa deles, precisa de miolos. Pense e aja com base em fatos, verdades e princípios, vendo nas cifras apenas símbolos. Assim fazendo, poderá tornar-se um grande contador, ilustrando uma das mais autênticas e excelentes profissões do mundo."*
— James Anyon, primeiro contador dos EUA

Os primeiros contadores foram os filósofos-sacerdotes dos tempos antigos, que manuseavam talhas e ábacos com movimentos peculiares das mãos, para proferir uma resposta que ninguém podia contestar.

O que modificou esse sistema básico de cálculo foi o Renascimento italiano, a fim de atender às necessidades dos novos mercadores de acompanhar suas transações internacionais enquanto faziam sua viagem de dois anos (ida e volta) à Índia e decidir se eram ou não lucrativas.

Recorreram a três inventos recentes:

- *Papel*, que permitiu fazer cálculos escritos à vista de todos, sem as misteriosas prestidigitações dos usuários do ábaco.
- *Zero*, um conceito inteiramente novo tomado aos árabes juntamente com os algarismos, banido pela Igreja em 1229 por causa de seu senso satânico de vacuidade e seu potencial fraudulento de multiplicar números com uma simples penada. Passou a ser usado como símbolo clandestino de livre comércio.
- *Livro de partidas dobradas*, explicado pela primeira vez por um amigo de Leonardo da Vinci, o frade e matemático veneziano Luca Pacioli — tão amigo do papa que obteve permissão para ignorar seus votos de pobreza e possuir bens.

Enquanto Colombo lobrigava um novo mundo, Pacioli sentou-se para escrever o livro que o tornou famoso, *Summa de arithmetica, geometria, proportioni et proportionalità* (1494) —, onde se via de tudo, de astrologia e tática militar a música ("que nada mais é que proporção e proporcionalidade"). A seção sobre contabilidade foi editada durante quinhentos anos, sendo traduzida para o alemão e o russo ainda em meados do século XIX.

Pacioli deu um jeito de reduzir tudo a números, mas não queria que a contabilidade esquecesse os valores morais e espirituais. Sugeriu que se iniciasse cada página do livro de escrituração com uma cruz e o nome de Deus. Os mercadores utilizaram sistema semelhante por cerca de dois séculos e pelo menos um deles abria as páginas com a frase "Por Deus e pelo lucro".

Gerações posteriores esqueceram o respeito básico por coisas que não podem ser convertidas em dinheiro, mas os contadores ainda insistem em ostentar a aura do sacerdócio. Em resultado, falhas de contabilidade como as do Escândalo dos Correios dos anos 1920, o BCCI, o caso Maxwell e o colapso da Enron foram todas saudadas com a exigência de mais procedimentos contábeis que nunca.

O problema é que todos os sistemas baseados em regras de mensuração tendem a errar o alvo. Por isso, o estilo de conferência da contabilidade americana, conhecido como Generally Agreed Accountancy Principles (ou GAAP), fracassou redondamente em perceber o fato de que, se a Enron era a companhia mais inovadora dos Estados Unidos, também adulterava livros.

Alfred Crosby, *The Measure of Reality: Quantification and Western Society 1250-1600*, Cambridge University Press, 1997, ISBN 0521639905

Os últimos contadores

A maldição da Enron

■ *"O senso de responsabilidade do mundo financeiro para com a comunidade não é pequeno. É quase nulo."*
— John Kenneth Galbraith, The Great Crash 1929

Costumamos ver os contadores como profissionais calmos, retraídos e objetivos, o que sem dúvida muitas vezes são. Mas, quase imperceptíveis por trás deles, erguem-se quatro organizações globais de imenso poderio: as megaempresas de contabilidade Deloitte Touche Tohmatsu, Ernst & Young, KPMG e PricewaterhouseCoopers — e elas não são nada retraídas.

Sozinhas, essas firmas fazem a auditoria das cem maiores empresas do mundo e empregam cerca de meio milhão de pessoas, com lucros — antes do caso Enron, quando havia cinco delas — de mais de $65 bilhões por ano. Não são apenas auditores, mas prestadores de serviços administrativos, além de divulgadores das últimas modas, do enxugamento à reengenharia. Atuam ainda como líderes de torcida para a globalização.

A Enron faliu em 2002, seguida logo depois por seus auditores Arthur Andersen, que haviam recebido $25 milhões no ano anterior por serviços acima e além da contabilidade básica e encerraram o acordo ao som de papéis rasgados. Os Quatro Grandes amargaram um período insano da história corporativa — em parte, por culpa deles mesmos — que levou os contadores americanos a empregar cada vez mais métodos de conferência capazes de subtrair mazelas ao escrutínio público.

Naqueles tempos em que mais de 90% do valor de uma companhia como a Microsoft eram constituídos por elementos intangíveis — valor de marca, *know-how*, expectativa de lucros futuros —, o mundo bem que precisava de um novo tipo de contabilidade.

Mas, ao contrário, ganhou a inovação errada. Os Quatro Grandes fizeram o seguinte:

Facilitaram a concentração do poder das corporações. Quando o relatório da KPMG demonstrou que 83% das fusões corporativas não geravam lucros e que a metade, de fato, empobrecia as empresas envolvidas — mas não, é claro, as integrantes dos Quatro Grandes —, os diretores tentaram, sem sucesso, suprimi-lo.

Estabeleceram relações cordiais com seus clientes de auditoria — para impedir o devido escrutínio público.

Estimularam uma agressiva minimização de impostos para as maiores companhias do mundo, via paraísos fiscais legais e outras artimanhas. Desse modo, subverteram a capacidade de realização dos governos democráticos. Só o do Reino Unido estima que perde $25 bilhões por ano graças a esse tipo de isenção.

Ganharam cerca de 22 milhões de libras do orçamento de ajuda do Reino Unido (1999-2000) por consultoria e assessoria (esse montante refere-se à época em que existiam os Cinco Grandes, incluindo Arthur Andersen).

Contribuíram com $13 milhões para fundos políticos na eleição americana de 2000, inclusive $700.000 para George W. Bush.

Número de contadores no Reino Unido	
1904	6.000
1957	38.000
1999	109.000

Andrew Simms,
*Five Brothers:
The Rise and Nemesis of
the Big Bean Counters*,
New Economics Foundation, 2002,
ISBN 1889407456

A insânia do PIB

Por que o dinheiro não é tudo

■ *"Nós destruímos a beleza do campo porque os esplendores inadequados da natureza não têm nenhum valor econômico. Seríamos capazes de apagar o sol e as estrelas porque eles não pagam dividendos."*
— John Maynard Keynes, *National Self-Sufficiency*, 1933

Foram as eleições gerais na Grã-Bretanha em 1955 que introduziram o conceito de "crescimento econômico" na política do país. Tratava-se de uma inovação do secretário do Tesouro, R. A. Butler, e baseava-se na obra de economistas de tempo de guerra como Keynes e Simon Kuznets, que desenvolveram "contas nacionais" como uma maneira de derrotar Hitler.

A idéia era simples. Se você conseguir aumentar o valor dos bens e serviços que fluem pela economia à razão de 3% ao ano — total pernicioso conhecido como Produto Nacional Bruto (PNB) ou Produto Interno Bruto (PIB) —, então você conseguirá dobrar o padrão de vida do povo num quarto de século.

Havia um problema: isso não era verdade. O PIB não media absolutamente o padrão de vida (ver p. 71), apenas o valor do que transitava pela economia — o que é coisa bem diversa. Talvez todo o dinheiro estivesse sendo usado para combater a poluição e os vazamentos de petróleo, para solucionar crimes e abater árvores a fim de transformá-las em embalagens de pratos rápidos. O PIB seria então mais alto, mas a vida certamente não seria mais "rica" — significaria somente que estaria havendo mais vazamentos e mais assassinatos.

Esse terrível equívoco penetrou nas políticas governamentais do mundo inteiro. Quando o PIB subia, os governos podiam recolher mais dinheiro em impostos e empréstimos. Logo, a única cifra que importava aos funcionários era o PIB. Para os economistas, ele apenas avaliava a atividade econômica; mas para os políticos, era uma espécie de Santo Gral. Há outros problemas com o PIB quando considerado instrumento de política:

Não mede tudo. As coisas vão bem quando o dinheiro muda de mãos. Do contrário, ele não pode ser medido. Os cuidados com os idosos em casa não são medidos; o pagamento feito ao asilo, sim.

Não leva em consideração a riqueza natural. Uma árvore em crescimento não é incluída no PIB; só quando cortada e transformada em palitos é que entra nas contas nacionais.

Estimula idéias vaidosas sobre progresso. Quem questiona o PIB — perguntando se não seria melhor proteger pântanos e florestas do que substituí-los por um aeroporto — ouve que PIB é "progresso" e não devemos nos atravessar em seu caminho.

Ignora a espiritualidade. O PIB é utilizado para aquilatar o desenvolvimento de um país.

Mas como medir o êxito de um país cujos produtos mais importantes são preces e monges?

Procura atuar em dois sentidos. O PIB aumenta quando as pessoas ingerem muita comida gordurosa e mais ainda quando fazem cirurgias para emagrecer. Aumenta com as vendas de pesticidas que provocam câncer e mais ainda com a venda de remédios para curá-lo — talvez pela mesma empresa. Os moradores de Los Angeles gastam um total de $800 milhões por ano em gasolina que queimam nos congestionamentos de trânsito. Será isso progresso?

Desconsidera o trabalho não-remunerado, feito principalmente pelas mulheres e no lar. Quando você se casa com sua empregada doméstica, diz a deputada da Nova Zelândia, Marilyn Waring, o PIB desaba.

Ao pé da lista dos varões economistas que ajudaram a desenvolver o conceito de PIB nos anos 1930, sob a chefia de Kuznets, lia-se esta nota: "Cinco secretárias com substancial experiência e conhecimento ajudaram muito no presente trabalho". Essas mulheres anônimas — todas, ao que parece, com bastante experiência — tornaram-se não-pessoas e sua invisibilidade espalhou-se pelo sistema então criado e que ainda ignora o trabalho feminino.

O PIB, porém, é mais destrutivo que isso. Se essa for toda a medida dos governos, então eles realmente ficam cegos ao resto, seja o meio ambiente ou a qualidade de vida. E, com toda a certeza, se não medimos as boas coisas da vida, logo elas são cobertas por cimento e desaparecem.

Até mesmo Simon Kuznets começou a ter suas dúvidas. "O bem-estar de uma nação não pode ser inferido a partir da avaliação da renda nacional tal qual definida acima", advertiu ele em 1934. Cerca de trinta anos mais tarde, foi além: "Deve-se distinguir entre qualidade e quantidade de crescimento, entre custos e retorno, e entre curto e longo prazo. Os planos para mais 'crescimento' têm de especificar mais crescimento de que e para quê."

Como medida, nada há de errado com o PIB. Mas ele se transforma em problema quando passa a ser *tudo* o que medimos. Tem lá sua importância o fato de o PIB haver despencado nos anos 1990 em 54 países, mas a solução não poderia ser "mais crescimento"!

Pessoas que, no Reino Unido, trabalham como voluntárias
(não incluídas no PIB) 23 milhões
(remuneradas) 22 milhões

O PIB de Ladakh (Caxemira Oriental) está entre os mais baixos do mundo, chegando a quase zero por pessoa. No entanto, Ladakh é considerada por muitos uma das sociedades mais equilibradas, sustentáveis e felizes do mundo. Medida pelo PIB, seria atrasadíssima.
Helena Nerburg-Hodge, Ancient Futures

Marilyn Waring,
If Women Counted:
A New Feminist Economics,
HarperCollins, 1989,
ISBN 0062509403

Felicidade

Por que o dinheiro não é um bom guia

■ *"O dinheiro não compra o amor."*
— Lennon e McCartney

Ante toda a ênfase que políticos e economistas põem no PIB e no crescimento — e na importância crucial de "não se atravessar no caminho do progresso" —, talvez o leitor suponha que exista aí algum vínculo com a realização humana e a felicidade.

Mal se pode ligar o aumento de renda em si com o acréscimo de felicidade; mas há inúmeras provas de que, a despeito dos ganhos cada vez maiores, o grau de felicidade permaneceu mais ou menos o mesmo no Ocidente durante o último meio século. Se os ricos são mais felizes (e isso pode acontecer), o fato se deve quase sempre aos seus relacionamentos com outras pessoas — e, talvez, à circunstância de que possuem mais do que nós, coisa que sempre causa satisfação.

Na verdade, um economista que estudou a felicidade, o professor Richard Layard, sugeriu um imposto sobre a fortuna a ser cobrado dos muito ricos, pois essa fortuna provoca infelicidade mensurável em outras pessoas. Há certas evidências de que o *status*, os bens de luxo e as etiquetas da moda infelicitam quem não pode possuí-los. Pelo menos, provocam inveja.

Isso, porém, é tudo no que diz respeito à riqueza relativa: não existe conexão direta entre dinheiro e felicidade em si, apenas entre diferenças de fortuna e infelicidade.

Assim, por que os responsáveis pelas políticas não esquecem o crescimento de uma vez por todas e passam a avaliar seu sucesso do modo como lhes recomendou Jeremy Bentham — pela maior felicidade para o maior número? Ora, porque é impossível equacionar a felicidade de muitos com a felicidade de poucos (aqui, de novo, a felicidade de alguns pesa mais que a do resto). Deveriam, entretanto, atentar para as necessidades do povo um pouquinho mais do que atentam para o dinheiro, o que fazem obsessivamente. Se agissem assim poderiam, por exemplo:

Ajudar as pessoas a sair da "rotina paradisíaca". É o nome que os economistas dão à maneira estafante com que os trabalhadores se desgastam, iludem-se, quase morrem de estresse para obter bens materiais que de modo algum os tornarão mais felizes.

Colocar o significado acima da produtividade. Segundo as evidências, precisamos de equilíbrio em nossas vidas — família, natureza, criatividade —, ao passo que a mudança do estresse total para a inanidade da aposentadoria ou do desemprego é uma grande fonte de problemas de saúde.

Privilegiar a higiene mental. Os problemas mentais são responsáveis por metade dos casos de incapacitação na Grã-Bretanha, mas consomem apenas 12% dos recursos da saúde. A depressão é curável, mas só um quarto dos que sofrem dela consegue tratamento.

Concentrar-se no bem público. Apesar do racionamento e dos baixos salários durante a Segunda Guerra Mundial, as pessoas eram muito mais felizes na Grã-Bretanha — graças a seus esforços pelo bem público. No entanto, os políticos tudo fizeram para abalar o *ethos* remanescente do serviço público. E ele, em verdade, torna as pessoas mais felizes.

Os dez países mais felizes do mundo (fonte: The Economist):

Colômbia	*Guiné*
Suíça	*Canadá*
Dinamarca	*Nicarágua*
Costa Rica	*Suécia*
Islândia	*Irlanda*

Palestras de Richard Layard,
http//:cep.lse.ac.uk

Eficiência

O culto da incompetência

■ *"Durante quatro séculos desastrosos o mundo sonhou esse sonho tolo da eficiência e nada conseguiu."*
— George Bernard Shaw, John Bull's Other Island

Por que as ferrovias ainda ficam paralisadas, e médicos e enfermeiras cometem tantos erros nos hospitais? Por que é tão difícil conversar com um ser humano num "centro de atendimento ao consumidor" — especialmente quando nosso problema não se enquadra em nenhuma das categorias previstas em seu programa de computador? Resposta: porque, em termos econômicos, essas modernas instituições são "eficientes".

Eficientes não no "velho" sentido de possuir recursos para atender às necessidades das pessoas ou uma equipe capacitada para o caso de alguém adoecer. Não se trata também de eficiência no sentido sustentável, de realizar coisas com um mínimo de recursos. O que hoje se apregoa como eficiente não é nada disso, pois "eficiência" significa na verdade "valor em dinheiro". Os operadores dos trens empregam apenas o pessoal suficiente para garantir o serviço, enquanto tudo vai bem. Os grandes hospitais, reunindo todos os tipos de pacientes sob o mesmo teto, simplesmente ignoram os efeitos colaterais dessa variante de ineficiência humana: doentes que nunca vêem duas vezes o mesmo médico, erros porque a equipe não se sente envolvida, infecções hospitalares intratáveis.

Sem dúvida, está certo que os serviços públicos devam custar o mínimo possível, mas chegou-se a um ponto há alguns anos em que a baixa eficiência do dinheiro, o gigantismo e a tecnocracia abalaram sua capacidade de atuar. Grandes hospitais e escolas de fábrica são administrados segundo normas emanadas de Whitehall e dirigidos a distância nos termos de contratos confidenciais com empresas privadas. Estamos aqui bem longe da escala humana e certamente não há nisso eficiência em sentido amplo.

O culto da eficiência foi disseminado na geração passada por grandes firmas de consultoria empresarial como a McKinsey's ou pelas gigantes da contabilidade (ver p. 66). Seus jovens consultores, recém-saídos da faculdade de Economia, são treinados para ajudar organizações a se tornarem mais "eficientes" e espalhar os últimos modismos no campo da administração. E isso tem seu

custo: a McKinsey's cobra, em média, de 150.000 a 250.000 libras por mês.

Os consultores empresariais estão agora assessorando o primeiro-ministro e os departamentos do governo, assim como fizeram dedicadamente com a Enron, Global Crossing e outras empresas falidas da era pósponto.com. Seu mantra é que tudo pode ser medido e tudo o que pode ser medido pode ser administrado — o que é um absurdo.

Entre os rumorosos desastres do culto à eficiência temos:

Railtrack: os consultores empresariais aconselharam os novos proprietários da infra-estrutura ferroviária da Grã-Bretanha, Railtrack — privatizada por 5 bilhões de libras — a "espremer seu ativo" (ser mais "eficientes" diminuindo a freqüência da inspeção das vias férreas).

O resultado foi uma série de acidentes e o colapso espetacular da Railtrack.

Swissair: a McKinsey's sugeriu à Swissair que investisse $2 bilhões em pequenas companhias aéreas européias. A Swissair faliu em 2001.

Hospitais: os erros médicos aumentaram em um quarto só em 2002. Um hospital-escola de Londres cometeu 135 equívocos na administração de remédios aos pacientes a cada semana de 2002 — um quarto deles, muito graves.

Centros telefônicos: a maioria dos centros telefônicos do Reino Unido reduziu a duração média da chamada a menos de um minuto — e agora eles se perguntam, perplexos, por que seu relacionamento com os clientes é tão ruim.

Ironicamente, essas "externalidades" (ver p. 80) tornam as novas e gigantescas burocracias mais dispendiosas — mas quem paga a conta são os outros.

David Boyle,
The Tyranny of Numbers,
HarperCollins/Flamingo, 2001,
ISBN 0006531997

A medida do que é mais importante 1

Indicadores alternativos

> ■ *"Se o chefe de polícia local anunciar que a 'atividade' nas ruas aumentou em 15%, as pessoas não se interessarão. O que, exatamente, aumentou? O plantio de árvores ou os assaltos? O trabalho voluntário ou a desonestidade? Os acidentes automobilísticos ou os atos de gentileza dos vizinhos?"*
> — *Atlantic Monthly*, outubro de 1995

Deve haver, e de fato há, formas melhores de medir o progresso independentemente do dinheiro. O rei do Butão ainda emprega uma medida a que chama de "contentamento nacional bruto".

Um grupo de pesquisadores do instituto Redefining Progress ofereceu uma alternativa na revista americana *Atlantic Monthly*. Seu artigo acumulou evidências contra o PIB. O *Wall Street Journal* calculou que o julgamento de O. J. Simpson custou o equivalente ao PIB total do Canadá. Isso foi progresso? E há as lipoaspirações: 110.000 por ano nos Estados Unidos, cada qual contribuindo com $2.000 para aumentar os números do crescimento.

A solução ficou conhecida como Index of Sustainable Economic Welfare (ISEW) [Índice do Bem-estar Econômico Sustentável]. Foi posto no mesmo gráfico lado a lado com o PIB. O ISEW mostrou que, enquanto o PIB subiu inexoravelmente, o bem-estar sustentável mudou de rumo nos anos 1970 e começou a cair. O ISEW para o Reino Unido revelou o mesmo declínio.

Em outras palavras, se ignorarmos o desempenho do dinheiro, estamos hoje muito piores. Estamos padecendo o oposto da riqueza, a que John Ruskin chamou de "doenceza".

O ISEW lançou um movimento mundial em prol da avaliação mais consistente do progresso. As cidades começaram a utilizar critérios diferentes. Seattle adotou o número dos salmões nas águas locais, a quantidade de livros emprestada pelas bibliotecas públicas e a proporção entre McDonald's e restaurantes vegetarianos. Tais indicadores tornaram-se vitais no planejamento de Seattle para o futuro.

No Reino Unido, a história foi mais ou menos parecida. Autoridades locais experimentaram critérios como a criação de águias douradas (Strathclyde), a taxa de asma (Leeds), o volume de vendas nas pequenas lojas (West Devon), o número de cisnes (Norwich), etc. Nenhum bastava por si mesmo, mas esses indicadores alternativos representaram um importante contrapeso à estreiteza do dinheiro. Medida alguma resume todas as facetas da riqueza; indicadores desses, porém, podem pelo menos ampliar o debate.

Os critérios de mensuração locais ajustam-se bem ao prestigioso Índice de Desenvolvimento Humano das Nações Unidas. Até o Reino Unido possui hoje sua relação de alvos sustentáveis.

E então? Os ministros da área econômica deveriam ser obrigados a enviar a seus parlamentos, uma vez por ano, relatórios sobre esses assuntos. O governo britânico dispõe atualmente de mais de cem indicadores de sucesso, mas alguns deles são de valor duvidoso: avaliar a construção em terrenos baldios pode significar, com efeito, o fim das últimas áreas de vida selvagem nas cidades. Além disso, semelhantes critérios não gozam de favor algum junto ao governo e você nunca ouvirá o secretário do Tesouro falando sobre eles. Mas as coisas podem mudar.

Uma coisa que o PIB não mede:
Os Estados Unidos perderam, no século passado, metade da cobertura de seu solo.

Alex Macgillivray, Candy Weston e Catherine Unsworth, *Communities Count! A Step-by-step Guide to Community Sustainability Indicators*, New Economics Foundation, 1998, ISBN 1899407200

A medida do que é mais importante 2

Auditoria social

■ *"Os negócios devem ser administrados com vistas ao lucro, do contrário irão à falência. Mas quando alguém tenta administrá-los apenas com vistas ao lucro ... seus negócios irão necessariamente à falência, pois já não terão razão de existir."*
— Henry Ford

A carta de concessão da Companhia Holandesa das Índias Ocidentais, em 1621, fazia-a responsável pela conservação, policiamento e justiça. Naqueles tempos, quem tinha poder econômico devia ter também responsabilidades morais. No século passado a filosofia dos grandes negócios esqueceu essa verdade crucial e nós podemos observar os efeitos disso à nossa volta — meio ambiente devastado, crianças envenenadas e vidas degradadas.

Alguma solução para essa cegueira tornou-se tanto mais urgente agora que as maiores corporações do mundo açambarcam hoje 28% da atividade global — tendo apenas 0,25% da população mundial como empregados. E quanto mais estreitam seu monopólio econômico, mais difícil se torna para o povo sustentar-se independentemente de seu abraço corrosivo.

A auditoria social surgiu no último quartel do século passado como uma forma diferente de avaliar o sucesso das companhias. Ela exige que essas companhias levem em consideração algo mais que os acionistas e aquilatem seu impacto sobre os demais — dos trabalhadores e suas famílias a reguladores, fornecedores, vizinhos, consumidores e meio ambiente.

John Elkington, co-autor do *bestseller* de 1988, *The Green Consumer Guide* (ver p. 180), achava que toda empresa deveria ter um "tríplice balanço" para suas realizações nas áreas econômica, ambiental e social. Estava-se longe dos tempos em que um dos "barões rapaces" americanos capitalistas, Cornelius Vanderbilt, guardava de cabeça os números de sua companhia, por não confiar em mais ninguém.

Na atmosfera de suspeição empresarial dos anos 1990, a auditoria social tornou-se surpreendentemente popular. Uma nova consultoria social relatou cinqüenta perícias por dia. Logo relatórios de empresas periciadas ou não-periciadas, como o da Shell, inundaram a imprensa com quadros idílicos e declarações envolventes: "Olhamo-nos no espelho sem nos reconhecermos e sem gostar do que vimos", entoou a Shell. "Vamos endireitar as coisas."

Devemos acreditar nessas empresas? Por enquanto não. A auditoria social ainda tem um longo caminho a percorrer antes de alcançar credibilidade. Ela é:

Muito especiosa. Alguns relatórios sociais não passam de esforços espalhafatosos de relações públicas que escondem a insustentabilidade visceral de tudo o mais que a companhia produz.

Muito preocupada com números. A auditoria social tende a retirar a responsabilidade ética dos executivos-chefes e lançá-la sobre os tecnocratas do departamento de contabilidade. E, afinal, não se pode avaliar exatamente o que é importante.

Muito vaga. Diferentes relatórios sociais usam critérios variados. Eles precisam ser mais simples e mais padronizados para despertar o interesse geral.

Muito irrelevantes. A responsabilidade social nas empresas continua imobilizada porque os controles básicos de uma companhia ainda são o valor das ações e o mercado financeiro. Além disso, toda empresa que tenta ser mais ética que as outras, como a Levi-Strauss e a Body Shop, podem ser severamente punidas pelos homens do dinheiro e pelos corretores da bolsa.

O que pode ser feito

A globalização, pelo menos, introduziu a "transparência" nos negócios das empresas. Hoje se exigem relatórios mais completos, para o que já se propõem novas legislações (a lei CORE).

John Elkington,
Cannibals with Forks: The Triple Bottom Line of 21st Century Business,
Capstone, 1999, ISBN 1841120847

Outros tipos de capital

Por que nem tudo é uma
questão de dinheiro

■ *"Quanto custaria a vocês em dinheiro vivo se nenhum de seus empregados soubesse lavar as mãos?"*
— Alvin Toffler, questionando executivos-chefes americanos

Até o sistema monetário se paralisa quando alguma de suas estruturas de apoio começa a parecer desgastada.

A velha economia costumava reconhecer três tipos de capital: terra, trabalho e "capital manufaturado", isto é, fábricas, máquinas, ferramentas e edifícios. Mas economistas modernos como Paul Ekins substituíram tudo isso por um modelo de quatro pilares que esteiam a riqueza real:

Capital manufaturado: A importância dos prédios onde vivemos e a infra-estrutura. Não podemos fazer a economia funcionar se os trens continuarem emperrando.

Capital ambiental: Por mais dinheiro que tivermos, seremos lamentavelmente pobres se não conseguirmos respirar ar puro e se formos a única espécie sobrevivente no mundo.

Capital de conhecimento: A importância vital das idéias e do *know-how*. Se as companhias não tratarem bem seus funcionários, o conhecimento deles poderá se transferir para a concorrência.

Capital social: Vai ficando cada vez mais claro que tudo o que fazemos depende, para funcionar, do senso de comunidade. Os médicos não podem beneficiar seus pacientes sem a colaboração destes e da comunidade em geral; a polícia não pode debelar o crime e os lucros empresariais se evaporam quando a comunidade não vai bem. Um estudo sobre capital social concluiu que o número de vezes que os locatários iam ao médico dependia da iminência ou não de terem suas casas demolidas. E num amplo estudo feito em Chicago em 1997, os pesquisadores descobriram que as taxas de criminalidade em cada bairro nada tinham a ver com renda ou desemprego: dependiam do fato de as pessoas se sentirem suficientemente seguras para intervir quando viam bandos de adolescentes rondando pelas imediações.

Eis, em suma, o problema do dinheiro moderno: ele ignora as pessoas e o ambiente. A destruição destes como subproduto da atividade econômica é conhecida eufemisticamente como "externalidades". Lojinhas diversificadas alimentam o capital social; grandes supermercados levam-no embora.

"Certo dia, no último inverno", escreveu a urbanista Jane Jacobs a respeito de seus tempos em Nova York, há quarenta anos, "Bernie Jaffe e a esposa Ann supervisionavam a travessia da rua por crianças a caminho da escola; emprestavam um guarda-chuva a um freguês e um dólar a outro; guardavam embrulhos para quem precisava ir a outro local; repreendiam dois jovens que queriam comprar cigarros; informavam endereços; encarregavam-se de levar um relógio ao conserto; davam dicas sobre o preço dos aluguéis da redondeza a quem procurava apartamento; ouviam pacientemente histórias de dificuldades domésticas e ofereciam conselho; diziam a alguns desordeiros que não podiam entrar, a menos que se comportassem, e aproveitavam para ensinar boas maneiras; promoviam discussões entre os fregueses interessados nas mercadorias em oferta; punham jornais e revistas à disposição dos compradores regulares; aconselhavam uma mãe que queria adquirir um presente de aniversário a não levar o barquinho, pois uma criança que ia à mesma festa já levara um; e retinham (isso foi para mim) um exemplar do jornal do dia anterior antes de devolver os excedentes ao entregador."

Isso é capital social. Toda instituição que gera confiança nos ampara e, sem confiança, o dinheiro não funciona.

Paul Ekins, Mayer Hillman e Robert Hutchison, *Wealth Beyond Measure: An Atlas of New Economics*, Gaia Books, 1992, ISBN 1856750507

Imposto verde

A tributação das coisas más

▪ *"Líquido e certo como o imposto", declarou Mr. Barkis. "E nada é mais líquido e certo do que ele."*
— Charles Dickens, David Copperfield

Que podemos fazer com relação aos danos infligidos ao tecido do mundo, as tais "externalidades" que parecem produzidas sobretudo pela atividade econômica? Algumas delas podem tornar-se ilegais; no caso de outras, isso é impossível. Algumas podem ser tributadas, aliviando-se a taxação de coisas boas como os empregos e o valor agregado. Ou seja, quem polui deve pagar pelo prejuízo.

Até o moroso governo britânico conseguiu taxar com êxito o petróleo, o uso dos aterros sanitários e, ultimamente, os congestionamentos em Londres. Entretanto, para agir com eficiência, precisamos saber o valor dos danos — não com toda a exatidão mas, por razões políticas, com pelo menos alguns fatos ao nosso dispor.

Taxas sobre automóveis e gasolina, no Reino Unido, chegaram a 26 bilhões de libras; entretanto, contrariamente à crença popular, isso não cobre os danos provocados pelo tráfego nas estradas. Segundo o economista ambiental David Pearce, acrescidos os gastos com policiamento, saúde, ferimentos e mortes nas rodovias, mais o agravamento do efeito estufa na atmosfera, a conta alcança 53 bilhões. Em suma, todos nós estamos subsidiando os motoristas nas estradas.

Como todos os impostos, os chamados "impostos verdes" não são nada populares. Mas todos vêem sentido neles e — por boas razões políticas — gostariam de diminuir os outros. Os impostos verdes, porém, apresentam outro problema: destinam-se tanto a levantar dinheiro quanto a reduzir a poluição, de sorte que é impossível prever seus efeitos. Se forem muito eficazes em persuadir as pessoas a não dirigir nem fumar, arrecadarão menos — como de fato sucedeu na taxação dos congestionamentos de Londres.

Em conjunto, todavia, são mais previsíveis e as futuras taxas poderiam incluir:

Terra. Impostos fundiários — conforme o valor da terra — reduziriam as propriedades devolutas. (Quase se tornaram lei no Reino Unido duas vezes, em 1915 e 1931.) Hoje, poderiam arrecadar cerca de 50 bilhões de libras por ano só no Reino Unido — embora, ao encorajar o desenvolvimento, contribuam para diminuir o verde nas cidades.

Lixo. A taxação governamental dos aterros é preceituada pela União Européia, que tem uma multa de 500 mil libras para o caso de não-redução da quantidade de lixo.

Durabilidade. Torradeiras, secadoras e até panelas das cozinhas de toda a Europa poderiam custar mais caso uma nova lei forçasse os fabricantes a pagar pela reciclagem de seus produtos. Cerca de cinco milhões de computadores em bom estado são jogados no lixo, todos os anos, no Reino Unido.

Sacos plásticos. Na Irlanda, a taxa recente de 10p por saco plástico reduziu seu uso em mais de 90%.

Energia. A chamada Unitax — um imposto único que substitui todos os demais sobre energia no ponto de venda — foi proposta como a taxa mais eficiente e menos sujeita à sonegação. Mas ainda não há sinal dela.

Estacionamento fora do perímetro urbano. As grandes lojas fora do perímetro urbano têm, sobre os centros das cidades, a vantagem de permitir estacionamento gratuito. Uma taxa sobre as áreas de estacionamento até melhoraria o balanço. (As grandes lojas inglesas recusaram há pouco essa taxa.)

Especulação financeira. A proposta feita pelo economista ganhador do prêmio Nobel James Tobin de um imposto de 0,05% sobre os fluxos especulativos (ver p. 138) pode ser a única maneira de as Nações Unidas levantarem capital suficiente para suas ambições de desenvolvimento sustentável.

David Pearce and Edward B. Barbier
Blueprint for a Sustainable Economy,
Easthscan, 2000,
ISBN 185383515

Análise de custo-benefício

Como saber o preço de todas as coisas

■ *"Um homem que sabe o preço de tudo e o valor de nada."*
— Oscar Wilde definindo o cínico

Avaliar os custos ou benefícios de alguns dos efeitos colaterais do dinheiro – sobre a saúde ou o ambiente – é essencial para persuadir as pessoas de que elas estão estragando o planeta. A fim de convencê-las de que a taxação de combustível de aviação (hoje isento) é uma boa idéia, tem-se de calcular os custos reais do vôo: a poluição, o concreto, o tráfego rodoviário, o efeito estufa e muito mais.

A avaliação do preço da saúde ou do ambiente, entretanto, é problemática. A análise de custo-benefício foi um meio aventado pelos engenheiros ferroviários franceses de descobrir o que taxar nos bilhetes das novas linhas. Depois, o Corpo de Engenheiros do Exército dos Estados Unidos desenvolveu-a para manter os políticos longe das decisões sobre construção de represas. Faz parte da moderna fantasia que, de algum modo, as decisões podem ser tomadas "cientificamente" por tecnocratas, sem recurso a discussões ultrapassadas.

A maior análise de custo-benefício da história foi empreendida no final dos anos 1960 a fim de determinar onde se iria construir o terceiro aeroporto de Londres. Os críticos disseram que, se aqueles cálculos devessem ser levados a sério, o mais barato seria construí-lo no Hyde Park, demolindo-se para tanto a abadia de Westminster. (Um brigadeiro da reserva escreveu ao *Daily Telegraph* assegurando que vinha há muito tempo cogitando o Hyde Park!)

Durante esse processo, os economistas calcularam que, se demolida, a igreja medieval de Cublington valeria 51 mil libras.

A moderna análise de custo-benefício leva em conta a quantia de dinheiro que as pessoas estão dispostas a pagar para salvar as baleias ou o Grand Canyon, por exemplo. A idéia consiste em encontrar alguma base para as negociações internacionais, mas há o perigo de os economistas acreditarem que o preço é real — porque, obviamente, coisas como espécies, vida e beleza são inapreciáveis.

Os economistas concluíram que todos os elefantes valem $100 milhões, o Grand Canyon, $4,43 por pessoa mensalmente, e uma vida americana, quinze vezes mais que uma vida chinesa. O perigo são esses preços escaparem das negociações políticas e penetrarem no balanço das pessoas.

A economia mundial avalia um órfão albanês em 4.000 libras e uma casa de tamanho médio no centro de Londres, em mais de 1 milhão. Sim, há quem realmente acredite nessas patranhas.

Não se pode medir a disposição de pagar. Cerca de um quarto das pessoas consultadas sobre quanto aceitariam despender para preservar as águias-carecas, os pica-paus, os coiotes, o salmão ou os perus selvagens recusaram-se a responder alegando que tais coisas não têm preço. É claro que não têm. Uma senhora de Frankfurt, Frau Kraus, descobriu em 1989 que podia impedir a construção de um arranha-céu diante de sua casa e não quis participar do jogo. Recusou um milhão de marcos e depois dez milhões. "Ainda que me oferecessem vinte milhões, eu não mudaria de idéia", assegurou ela aos jornais. "O prédio bloquearia a luz do sol, destruiria o lugar onde nasci e fui criada."

Na prática, a análise custo-benefício é raramente usada hoje em dia para a tomada de decisões. Mas pode ser útil para revelar os "verdadeiros" custos das políticas insustentáveis.

David Pearce,
Blueprint 3: Measuring Sustainable Development, Earthscan, 1994,
ISBN 1853831832

Subsídios empresariais

Bem-estar para os mais ricos

▪ *"O total anual dos subsídios perversos é maior que todas as economias mundiais, exceto as cinco primeiras, maior que o volume de vendas das doze maiores empresas e ... o dobro dos gastos militares anuais do mundo inteiro."*
— Norman Myers, palestra na Royal Society of Arts, 2000

Os impostos verdes são um avanço na direção certa, mas não passam de uma gota no oceano comparados às taxas que pagamos para subsidiar atividades que degradam as pessoas e o planeta. Enquanto nossos líderes proclamam estar trabalhando pela sustentabilidade, o sistema econômico faz o contrário. Quem está financiando essa pavorosa devastação da Terra? Todos nós. Em conseqüência, os gastos conseqüentes com saúde e meio ambiente precisam ser pagos também. Mas às vezes, como os custos médicos oriundos dos problemas do trânsito cada vez mais intenso, eles não são devidamente pagos.

Não raro, é impossível calcular os custos reais para as futuras gerações — assim como os efeitos futuros do estímulo ao tráfego pela construção de rodovias ou do incentivo às viagens aéreas pela construção de pistas e isenção de impostos sobre combustível de aviação. Também não se conhecem as conseqüências a longo prazo dos subsídios à energia nuclear nem, para as crianças, do fomento da cultura global da Disney, McDonald's e *marketing* agressivo.

Por exemplo: quanto do orçamento de 54 bilhões de libras para a saúde, no Reino Unido, resultam diretamente dos 5,5 bilhões anuais gastos pelo governo com o transporte rodoviário? Não sabemos. Mas o professor Robin Maynard afirma que cerca de um em cada cinqüenta ataques cardíacos em Londres é resultado direto da poluição no trânsito.

A Campanha contra o Comércio de Armas reconhece que mais ou menos 1,5 bilhão de libras do dinheiro dos contribuintes acaba subsidiando o comércio de armas, incluindo a Defence Export Services Organisation, e suas exportações por intermédio do esquema Export Credit Guarantee.

Há ainda o caso dos alimentos. Segundo o professor Jules Pretty, as "exterioridades" em agricultura significam que pagamos três vezes mais pelo que comemos — na mercearia, como contribuintes para os subsídios e como colaboradores para a limpeza do lixo produzido por eles. A situação é ainda pior em outros lugares:

Pesticidas: os subsídios pagos pelos contribuintes da UE nos termos da Common Agricultural Policy aproximam-se dos 22 milhões de quilos de pesticidas utilizados na agricultura do Reino Unido todos os anos. Os grandes conglomerados alimentícios são "subsidiados" porque não pagam os custos totais dos danos provocados pelo transporte rodoviário.

Energia. Os governos da Europa ocidental estão subsidiando energia com cerca de 9 bilhões de libras — 63% para combustíveis fósseis, 28% para energia nuclear e apenas 9% para recursos renováveis. (Os subsídios concedidos a estes incluem o patrocínio de incineradores que diminuem a pressão sobre os governos locais para promoverem a reciclagem.)

Combustíveis fósseis. A Alemanha subsidia a prospecção com cerca de 11 mil libras por operário ao ano: mais proveitoso seria enviar todos eles para casa com salário integral e, assim, diminuir o efeito estufa.

Pesca. A pesca oceânica custa mais de 66 bilhões de libras por ano, mas o peixe é vendido

Apoio do Banco Mundial ao transporte:	
Rodovias	*98%*
Ferrovias	*2%*

por cerca de 48 bilhões. A diferença é paga pelos governos, que assim contribuem para a quase extinção da pesca comercial.

No mundo inteiro, os subsídios empresariais alcançam 1.200 bilhão de libras, numa economia global calculada em 18.000 bilhões, principalmente para financiar a agricultura, os combustíveis fósseis, a energia nuclear, o transporte rodoviário, a água e a pesca. Só em Bruxelas há quarenta mil lobistas para garantir a continuidade desse esquema.

Norman Myers e Jennifer Kent,
Perverse Subsidies:
How Misused Tax Dollars
Harm the Environment
and the Economy,
Island Press, 2001,
ISBN 1559638354

Seção IV

Dívidas

Para onde vai todo o dinheiro? Há o bastante para abalar o sistema financeiro mundial, mas não, ao que parece, para as coisas importantes da vida como pequenas lojas, alimentos saudáveis, transporte e polícia locais. Por quê? Talvez isso tenha algo a ver com as dívidas...

O flagelo oculto no dinheiro

O problema dos juros

■ *"É espantoso que o monstro dos juros ainda não haja devorado a humanidade inteira. Tê-lo-ia feito há muito tempo, sem dúvida, caso a bancarrota e a revolução não agissem como antídoto."*
— Napoleão Bonaparte

Há algo de miraculoso com o dinheiro moderno: ele como que cresce por si mesmo.

Certamente, os juros capitalizados parecem miraculosos quando vistos pelo lado certo. Eles tornam possíveis as pensões. Significam que já não temos asilos. E dão-nos uma sensação de segurança quando vemos o dinheiro crescer gradativamente em nossa sociedade progressista.

Entretanto, se temos dívidas, a idéia dos juros não é tão tranqüilizadora. Como as nações do Terceiro Mundo, toda vez que examinamos nossa conta de débito, ela parece maior. A existência dos juros é maravilhosa para quem tem dinheiro, desastrosa para quem não tem. Essa é apenas uma das razões para suspeitarmos deles.

Não é natural que dinheiro faça dinheiro. Os antigos egípcios dispunham de um sistema monetário que funcionava de modo inteiramente diverso. Trocavam seu trigo armazenado por bastões de entalhe e usavam esses bastões como moeda. Mas, enquanto isso, o valor de sua poupança não aumentava, como sucede entre nós. Ao contrário: os ratos devoravam-na, ela embolorava e, com o passar do tempo, ficava valendo menos que antes. Ninguém sugerirá uma volta aos bastões de entalhe, mas isso é o que ocorreria caso o dinheiro se baseasse em uma coisa real (ver p. 147).

A maioria das religiões importantes condena a "usura", embora há alguns séculos o cristianismo e o judaísmo hajam concordado com uma percentagem razoável. O Islã, porém, ainda se apega à interpretação original.

Há um ponto a considerar. Segundo a arquiteta alemã Margrit Kennedy, um centavo investido à taxa média no tempo de Cristo valeria hoje perto de nove mil bolas de ouro, cada qual equivalente ao peso da Terra. "A necessidade econômica e a impossibilidade matemática criaram um paradoxo ... que provocou incontáveis querelas, guerras e revoluções no passado", escreve ela. Eis o perigo de cobrar juros.

Dado que a maior parte do dinheiro em circulação é criada por empréstimos bancários (ver p. 16), então praticamente todo ele — exceto as notas e moedas em nossos bolsos — arca com esse peso uma vez que terá de ser reembolsado, com juros, algum dia. A natureza não é assim: ela não cresce tão depressa.

"Conclui-se, pois, que o crescimento é bom e, quanto mais, melhor", diz o economista não-ortodoxo Paul Ekins. "Parece que os economistas nunca ouviram falar em câncer." Por que, então, a economia moderna insiste tanto em que países e empresas cresçam desenfreadamente? Os juros devem ser o culpado. Têm de crescer para a dívida ser paga. Eis por que os negócios criam "necessidades" recorrendo à agressividade do *marketing*. O mundo não pode parar.

Estranhamente, um dos setores dos serviços financeiros que prosperam mais depressa baseia-se em princípios islâmicos e recusa-se a cobrar juros. Existem hoje mais de duzentas instituições financeiras islâmicas espalhadas pelo Oriente Médio e Extremo Oriente com ativos de cerca de $200 bilhões. Até o HSBC e o Citibank encetaram operações no Golfo Pérsico, com o HSBC oferecendo hipotecas islâmicas em Nova York. Os bancos islâmicos não cobram juros sobre o dinheiro emprestado, mas associam-se à propriedade. Assim, o dinheiro investido nesses bancos continua "trabalhando". Eles só perdem quando investem em maus negócios.

O sucesso do JAK, banco escandinavo que não cobra juros, implica a mesma coisa: quem sabe esse sistema não representa o futuro?

> *O Triodos Bank, em Bristol, só empresta "eticamente" e paga juros baixos aos poupadores. Mas está crescendo.*

Magrit Kennedy e Declan Kennedy,
Interest and Inflation Free Money,
New Society, 1996,
ISBN 0865713103

Hipotecas

O abraço da morte

■ *"A escravidão existe em toda parte. É semente que cresce em qualquer solo."*
— Edmund Burke, 1775

Quando as pessoas se queixam de que, à mesa, a conversa gira obsessivamente em torno do valor das casas, presumimos que viver examinando as altas e baixas dos preços nos anúncios das imobiliárias é preocupar-se com trivialidades. Em certo sentido, é mesmo. Mas em outro, os preços das moradias e hipotecas que as sustentam são mais importantes do que imaginamos. Eis aqui três motivos para isso:

Não se baseiam em valores reais. A extraordinária alta nos preços das casas na Grã-Bretanha — de uma média de 5.000 libras (Reino Unido) em 1970 para cerca de 120.000 hoje — provocou uma alteração maciça de valor de uma geração a outra. Milhares de pessoas comuns tornaram-se milionárias simplesmente com a venda da casa dos pais. Todavia, quando casas são usadas como garantia de outros empréstimos, devemos tomar cuidado, pois os preços não são reais. Minha pequena residência, ao que parece, vale mais do que o necessário para reconstruí-la.

Forçam a alta dos preços da moradia. Esses preços deveriam aumentar em função da oferta e da procura, o que em parte é verdadeiro agora que as casas de Londres vão sendo cada vez mais utilizadas como investimento. Mas a oferta que conta mesmo na fixação dos preços das casas é o dinheiro: o montante que os bancos hipotecários estão preparados para emprestar. Os preços das casas em Tóquio multiplicaram-se por dez na década de 1980 porque foram inventadas umas "hipotecas do vovô", pelas quais o dinheiro seria pago no prazo de duas gerações.

Precisamos mais de hipotecas do que supomos. Quase dois terços do dinheiro em circulação na Grã-Bretanha foram criados como empréstimos hipotecários. Se os preços das casas não fossem tão elevados — pelo menos pelos parâmetros atuais —, nosso dinheiro diminuiria.

Jamais conseguiremos resgatá-las. Talvez nos seja possível, individualmente, pagar nossas hipotecas. Mas, como comunidade, não o conseguiremos nunca, em parte porque o país precisa do dinheiro em circulação e em parte porque, em circulação, talvez não haja dinheiro suficiente para pagar. Temos dívidas superiores a 800 bilhões de libras no Reino Unido e apenas cerca de 700 bilhões em circulação.

A palavra hipoteca (*mortgage*) significa "abraço da morte" ou "promessa de morte" e costumava ser o derradeiro recurso para levantar dinheiro dando em penhor uma propriedade. Mesmo nos tempos de plena moradia (anos 1930), com casas populares amplamente disponíveis, muitas hipotecas eram por quinze anos e tomavam menos de um décimo do salário. Às vezes eram pagas antes.

Hoje, as hipotecas chegam a custar mais de um terço da renda familiar e só conseguimos comprar uma casa se duas pessoas ganharem o suficiente para pagá-la. Quase 37% das casas inglesas estão hipotecadas, tornando-se cada vez mais difícil ter acesso à moradia.

Estranho paradoxo: casas foram construídas e pagas há muito tempo, e no entanto hoje as possuímos cada vez menos. Por que um terço das moradias na Grã-Bretanha está nas mãos de bancos hipotecários? Toda vez que emprestam mais, as instituições alimentam a espiral dos preços das casas num círculo vicioso autodestrutivo que não poderá continuar para sempre.

O aumento das hipotecas

1930: 2 vezes o salário anual e 8% da renda anual

2000: 4 vezes o salário anual e 20% da renda anual

Michael Rowbotham,
The Grip of Death: A Study of Modern Money, Debt Slavery and Destructive Economics,
Jon Carpenter, 1998, ISBN 1897766408

Dívidas 1

O mundo esmagado

Metade do dinheiro em circulação é fruto de empréstimos e isso significa que estamos arcando com o peso de uma dívida monstruosa. Isso é verdadeiro tanto para os indivíduos quanto para as companhias e as nações.

As corporações precisam estar seriamente endividadas para se proteger de encampadores hostis. Se ainda tiverem capacidade de pedir empréstimos, há toda possibilidade de algum pirata empresarial lançar títulos podres para adquiri-las (ver p. 131). Por isso se vêem forçadas a planejar expansões ainda mais ambiciosas a fim de pagar os juros de seus empréstimos. Só os bancos japoneses têm em seus registros empréstimos duvidosos que superam $800 bilhões — o que ameaça deitar abaixo não apenas o edifício da economia japonesa, mas os de outras também.

Um dos motivos pelos quais as corporações são tão frágeis — apenas três nomes citados na lista da *Fortune 500* há meio século conseguiram sobreviver — é o peso dessa dívida.

Como indivíduos, nossa capacidade ociosa de empréstimo está sujeita a fortíssimas pressões de *marketing*. Nos Estados Unidos, as companhias de cartões de crédito promovem-se a si mesmas enviando pelo correio cheques de $5.000. O americano médio recebe 32 ofertas de cartões independentemente de seu cadastro. Tudo o que ele tem a fazer para abrir uma conta e gastar o dinheiro é preencher o cheque com seu nome — "é como dar alface a coelhos famintos", segundo um comentarista.

No caso dos que constituem risco de crédito sério demais para tomarem empréstimos nos bancos, existem os agiotas e prestamistas que oferecem dinheiro a taxas de juro escorchantes — de até 5.000% ao ano (ver p. 23). Não surpreende que 4% dos cartões de crédito do Reino Unido apresentem débito de mais de 5.000 libras —, o que exige uma década para ser resgatado caso o portador pague o mínimo e custa o mesmo em juros.

As dívidas dos consumidores americanos atingiram um pico de mais de $1.000 bilhões, dos quais aproximadamente $400 bilhões em cartões de crédito.

O mais assustador, porém, é o peso da dívida que está empobrecendo as vidas das pessoas nos países em desenvolvimento, muitas vezes referente a empréstimos de bancos ocidentais a regimes militares ferozes que desde então desapareceram. Cerca de $1.700 bilhão ainda estão por pagar, sendo $400 bilhões só de juros acumulados. Os países da África subsaariana despendem $10 bilhões por ano com o serviço da dívida, ou seja, quatro vezes o montante que investem em saúde e educação.

Tudo isso tem de ser resgatado, não em moeda local, mas em libras e dólares, que eles só conseguem obter convertendo florestas ou terras devolutas em culturas de exportação como o café — cujo preço, à semelhança do de outros produtos, vem caindo a cada geração. Mas há coisas piores:

- A falácia da ajuda monetária do Norte rico para o Sul pobre consiste no fato de seus juros exorbitantes precisarem ser pagos diariamente. Para cada libra gasta em ajuda pelos países da OECD, 10 são devolvidas pelos países pobres como pagamento de dívida, dinheiro que deveria ser gasto em saúde e educação.
- Apesar das muitas promessas, somente 20% da dívida dos 42 países mais pobres foram cancelados. O restante não pode ser pago e continua a atormentar a vida dos deserdados do mundo.

- Os empréstimos internacionais são negociados sigilosamente entre as elites locais e os credores poderosos — os efeitos, porém, recaem sobre as pessoas comuns.
- Cerca de 95% das dívidas para com a Grã-Bretanha provêm de empréstimos do Export Credit Guarantee Department sob a forma de incentivos à compra de produtos ingleses — principalmente armas.
- Não existe uma lei de falência internacional para proteger os devedores e, também, nenhum síndico de massa falida: os credores são júri e juiz em seu próprio tribunal.

Mas então, quem deve a quem?

Ecodébito. Quem prejudica o ecossistema do planeta são os países ricos, mas quem sofre os danos são os países pobres: 96% das mortes provocadas por catástrofes naturais ocorrem nestes últimos e sete milhões de pessoas estão em perigo por causa da elevação do nível dos oceanos.

Débito imperial. Nos 150 anos depois de Colombo, 185.000 quilos de ouro e 16 milhões de quilos de prata foram transportados da América Central para a Europa: saque ou empréstimo?

Débito histórico. Em 1193, a Inglaterra aceitou entregar à Alemanha 66.000 libras de prata — na época, um quarto de seu PIB — para resgate do rei Ricardo Coração de Leão. Esse montante nunca foi integralmente pago. Dívidas há que prescrevem — ou esta deverá ser resgatada também?

Alguns países, é claro, lidam melhor com as dívidas do que outros — sendo muito importante o direito ao crédito —, mas o credor deveria também se responsabilizar pelo empréstimo original.

Débito de moradia no Reino Unido:
1997   £24.500
2003   £37.500
Fonte: Office for National Statistics

O Banco Mundial e o FMI obrigaram o Malawi a vender 28.000 toneladas de seus estoques de arroz para pagar dívidas em dólar no ano de 2002. Três meses mais tarde, a população estava passando fome.

www.jubileeplus.org

Dívidas 2

Os Estados Unidos esmagados

■ *"280 milhões de americanos flanando com jipes Toyota, vídeos Sony e relógios Cartier — fazem isso rapinando as magras poupanças de cinco bilhões de pessoas nos países em desenvolvimento. Já é tempo de os ricos financiarem os pobres ao invés de viver às suas custas."*
— Ann Pettifor, Jubilee Research

Na Times Square, em Nova York, há um painel que mostra quanto os Estados Unidos devem. Sua dívida chega atualmente a $6.467.436.375.130,07, o que significa mais de $22.000 por pessoa — e aumentando à razão de $1,35 bilhão por dia, mesmo antes da guerra do Iraque.

O governo local, nos Estados Unidos, também gastou bastante e agora deve tanto que tem de pagar $358 bilhões de juros — mais do que investe em parques, bibliotecas e recreação combinados. O resto será pago por futuras gerações.

Antes, os Estados Unidos eram a nação credora do mundo, forçando os britânicos a reestruturar sua economia depois da Primeira Guerra Mundial — e são ainda credores de muitos países pobres. Mas eles próprios estão ficando cada vez mais endividados para com o resto do mundo.

Todos os dias, o governo americano se financia vendendo debêntures e letras do Tesouro, pagando juros a quem tiver dinheiro para emprestar. Quando os papéis vencem, ele pede mais emprestado para pagá-los e financiar armamentos, cortes de taxas e o resto de seu orçamento insustentável, que chegou às alturas no governo de Ronald Reagan. Houve equilíbrio nos anos Clinton, mas desequilíbrio novamente sob George W. Bush com seus cortes de impostos e aventuras militares. O resultado é sugar a maior parte do dinheiro existente no mundo.

Ironicamente são os poupadores, os fundos de pensão e os bancos centrais dos países pobres, bem como das nações com excedente comercial — como França, Alemanha e Extremo Oriente –, que mantêm o dinheiro em circulação. O mundo confia em que os Estados Unidos paguem suas dívidas e, até hoje, nenhum credor sugeriu que a América se reestruturasse.

Os especialistas divergem quanto ao que isso significa: irá continuar ou haverá uma quebra na arquitetura financeira mundial? Ninguém sabe, mas as ironias são típicas:

- Os Estados Unidos devem, sozinhos, quase tanto quanto a totalidade dos países em desenvolvimento (cerca de $2.500 bilhões), incluindo Índia, China e Brasil.
- Gastam apenas $20 bilhões no serviço da dívida, enquanto os países pobres arcam com mais de $300 bilhões para o mesmo montante — pois são considerados de alto risco.
- Os países pobres pedem dinheiro emprestado aos Estados Unidos a taxas que chegam a 18% de juros anuais; no entanto, emprestam para os Estados Unidos à taxa de 3%.
- Isso significa que os países em desenvolvimento estão na verdade financiando os déficits maciços dos Estados Unidos, em parte devido ao "efeito aspirador" e, em parte, porque seus bancos centrais são obrigados a manter reservas em dólares como precaução contra as especulações e a instabilidade financeira.

Quem sabe as nações mais pobres consigam acordar para sua posição inesperadamente forte? Há, porém, o medo de que obrigar os Estados Unidos a reestruturar seus débitos possa ter conseqüências devastadoras no resto do mundo.

Déficit no comércio americano:	
2000	*$400 bilhões*
2002	*$500 bilhões*
2004	*$700 bilhões**
	* previsto

The Real World Economic Outlook:
The Legacy of Globalization:
Debt and Deflation,
Ann Pettifor (org.),
Palgrave Macmillan, 2003,
ISBN 1403917957

Para onde foi todo o dinheiro?

O problema do dinheiro moderno

🔲 *"O fato é que um homem com esposa e quatro filhos fora do mercado de trabalho não consegue, só com seu salário, proporcionar a eles e a si próprio um meio de vida ...*
Dirá alguém ser esse o estado de coisas que a Inglaterra merece testemunhar?"
— William Cobbett

Meus pais moram numa cidadezinha chamada Nether Wallop. Uma geração atrás, ela tinha duas lojas, uma agência de correio, dois bares, um açougueiro, um policial, um médico, uma enfermeira e uma estação de trem próxima — conectada a uma grande rede ferroviária local.

Isso foi na década de 1940, os chamados anos de Austeridade. Hoje que somos incomparavelmente mais "ricos", tudo o que restou foram um bar e um ônibus ocasional. Os motivos convencionais para isso — tarifas baixas, super-regulamentação, salários irrisórios — não chegam a explicar por que é tão difícil oferecer os mais simples serviços públicos, lojas, agências de correio, educação. E somos tão ricos!

Os responsáveis pelas políticas aferram-se ao imediato e acham difícil fazer perguntas de longo prazo. Mas uma questão cada vez mais urgente é: por que criamos um sistema postal capaz às vezes de fazer entregas em 24 horas, mas temos ferrovias pouco adequadas? Ou então por que os restaurantes precisam estar sempre cheios para não ir a falência? Por que não conseguimos limpar as ruas e remover o lixo dos parques? Por que, enfim, não cuidamos melhor dos deficientes mentais?

Os economistas vitorianos descobriram que em 1495 os camponeses tinham de trabalhar pelo menos quinze semanas por ano a fim de ganhar o dinheiro necessário à sua sobrevivência. Em 1564, quarenta semanas. Hoje é impossível ao assalariado médio comprar uma casa no sudeste da Inglaterra e ali viver razoavelmente: isso exige dois salários.

As previsões do século XX segundo as quais todos passaríamos a levar uma vida folgada graças à tecnologia e aos efeitos dos juros capitalizados não se realizaram. Alguma falha no sistema econômico conspirou para transformar-nos em escravos de nossas hipotecas.

Por que o sistema funciona assim? Não há resposta definitiva e muitos economistas nem sequer fazem tal pergunta. Mas aqui vão algumas razões prováveis:

Dívida crescente. Pelo menos um terço do preço dos bens que adquirimos ou dos cômodos que alugamos consiste em juros pagos para cobrir o dinheiro tomado de empréstimo. Cerca de 28% da renda dos empresários britânicos vão para o serviço de sua dívida.

Paraísos fiscais. Entre um sexto e um terço da riqueza mundial acha-se agora em paraísos fiscais, para não pagar tarifas (ver p. 54).

A praga dos intermediários. Há meio século, os fazendeiros americanos conseguiam economizar 41 centavos em cada dólar gasto na lavoura. Hoje só reservam 9 centavos, sendo que 24 centavos vão para sementes, energia, fertilizantes e outros insumos, e 67 centavos para comerciantes, intermediários, transporte e supermercado.

Propriedade intelectual. Os ricaços sugam hoje boa parte do dinheiro disponível no mundo por meio de pagamentos de juros, copyrights, propriedade intelectual ou aluguéis — adquirindo direitos sobre o dinheiro, os meios de comunicação, as fábricas e até as casas dos outros (ver p. 56).

Monopólios. Treze das grandes empresas de panificação controlam atualmente negócios da ordem de 3 bilhões de libras, lançando produtos tão pouco nutritivos que é necessário injetar-lhes vitaminas. O mesmo acontece em vários outros ramos da indústria.

Qualquer que seja o motivo, a tendência é clara: estamos nos tornando escravos econômicos — e criando um mundo onde o "bem" público parece cada vez mais inalcançável. Que podemos fazer a respeito?

Podemos descobrir maneiras de criar um leque de moedas novas controladas localmente (ver p. 54). Bom seria persuadir o governo a emitir seu próprio dinheiro isento de juros — e pô-lo em circulação ao invés de emprestá-lo com juros embutidos, como usualmente acontece (ver p. 144).

Podemos também limitar os direitos de propriedade dos investidores. Se eles nunca olham para além de vinte anos quando compram empresas estrangeiras ou constroem fábricas em outros países — e não olham —, então estamos lhes pagando a mais quando lhes garantimos direitos perpétuos. O pensador e ex-financista australiano Shann Turnbull sugere que os direitos voltem ao local de origem após uma geração (ver p. 59).

Mas, acima de tudo, deveríamos tomar consciência do que está acontecendo. As pessoas comuns vão se endividando cada vez mais, os órgãos públicos enfrentam constantemente problemas de caixa e os governos empobrecem a cada dia. As empresas estão ricas como nunca, mas tão dependentes da tirania dos mercados de ações e dos preços de suas próprias cotas que não se arriscam a inovar. O dinheiro que nos permitiria viver vai para elas.

The Money Changers:
Currency Reform from Aristotle
to E-cash,
David Boyler (org.),
Earthscan, 2002,
1 85383 895 0

Pensões

Uma coisa depois
da outra

■ *"Foi uma derrocada completa. Esperamos que não aconteça de novo."*
— Malcolm McLean, do UK Pensions Advisory Service, sobre o último escândalo envolvendo as pensões.

Há um século ou mais, o público dos cafés-concerto arregalaria os olhos ao final da canção *My Old Dutch* — "Estamos juntos há quarenta anos/E parece que foi um dia" — ao ver o velho casal separado para sempre nas entradas para "Homens" e "Mulheres" do asilo.

Hoje não precisamos mais encarar essa perspectiva, em parte por causa das pensões do Estado introduzidas por David Lloyd George no seu orçamento de 1909, que finalmente pôs termo aos asilos antes da Primeira Guerra Mundial. E em parte em virtude dos efeitos dos juros capitalizados — o "pecado original" no âmago do sistema monetário — que permite às pessoas economizar o suficiente para os anos de aposentadoria. Tempo houve em que os empregados contribuíam semanalmente para o esquema de pensões de sua empresa e — graças aos efeitos mágicos dos juros capitalizados — faziam jus a talvez três décadas de aposentadoria longe dos asilos.

Isso, porém, já começa a mudar, devido sobretudo às conseqüências insustentáveis do crescimento ilimitado do dinheiro — o planeta não funciona assim (ver p. 91) —, mas também, é claro, em razão do colapso do mercado de ações e das taxas de juros. Não bastasse isso, nossa população está se tornando cada vez mais idosa enquanto sua poupança diminui. Vemo-nos, pois, novamente diante do fantasma da velhice empobrecida graças à mescla de incompetência, arrogância e cobiça empresarial que abalou a confiança nos serviços financeiros em ambos os lados do Atlântico.

Alguns escândalos recentes:

O escândalo das Savings and Loans, quando as companhias americanas que trabalhavam com poupança e investimento na área habitacional (*Savings and Loans*) foram desregulamentadas em meados da década de 1980 e receberam autorização para emprestar o dinheiro de seus próprios donos. O resultado foi uma explosão de cupidez, corrupção e propina que representou o maior roubo da história do mundo — implicando republicanos do primeiro escalão — e custará ao governo dos Estados Unidos $1.400 bilhões. É o suficiente para oferecer cuidados pré-natais a toda criança americana por 2.300 anos. Os poucos que foram parar atrás das grades receberam sentenças equivalentes em média a um quinto das que se costumam aplicar a assaltantes de banco.

O escândalo Maxwell. Quando o milionário da imprensa Robert Maxwell caiu de seu iate na baía de Biscaia, descobriu-se que ele andara desviando as pensões de seu grupo editorial Mirror. Trabalhadores que economizaram durante anos tiveram por isso suas pensões reduzidas. E nenhum dos profissionais generosamente pagos que, segundo se supunha, estavam cuidando da segurança do fundo de pensão foi punido até hoje.

O escândalo da venda de fundos duvidosos. Cerca de dois milhões de pessoas no Reino Unido foram persuadidas a trocar fundos de pensão que lhes conviriam mais por outros duvidosos. Isso parece ter custado aos segurados e consultores financeiros pelo menos 11,8 bilhões de libras em pagamentos de compensação. As autoridades financeiras do Reino Unido tomaram medidas disciplinares contra 346 firmas.

O escândalo das pensões empresariais. A maior parte das companhias está se livrando do compromisso de zelar pelos empregados antigos, ao passo que apenas quatro em cada dez esquemas de salário final continuam abertos a novos membros. Estes estão sendo substituídos pela chamada "compra de dinheiro", que não garante um bom nível de pensões aos aposentados. E custa menos para a companhia.

O escândalo da privatização. A companhia nacional de ônibus foi privatizada pelo governo conservador, o qual permitiu que o excedente de seu fundo de pensão passasse a ser contado como ativo. Isso beneficiou os acionistas, mas não os empregados que haviam financiado o fundo.

O escândalo das liquidações. Empregados que contribuíram por décadas deixaram de receber devido à decisão dos conselhos de liquidar suas companhias. Pior, têm de ficar olhando enquanto até 15% de alguns fundos desaparecem nos bolsos de advogados, tabeliães e síndicos durante o processo de liquidação.

Que havemos de fazer com relação a tudo isso? Em primeiro lugar as pensões do Estado deveriam, propriamente, representar uma renda suficiente para viver. Nossas pensões privadas têm de encontrar algo mais confiável para investir que o cassino global — abrigos seguros e produtivos como projetos de construção, transporte e saúde locais (ver p. 184). Precisamos reconectar pensões estatais e ganhos médios. Mas precisamos também vislumbrar novas maneiras de salvaguardar-nos em idade avançada — garantindo que exista à nossa volta uma comunidade solidária, capaz de nos manter saudáveis e em casa, o que é uma das razões pelas quais os bancos de tempo foram introduzidos (ver p. 160).

Robin Blackburn,
Banking on Death: The Uses and Misuses of Pension Funds,
Verso, 2001,
ISBN 1859847951

Outra maneira de fazer dinheiro 1

Como criar mais dinheiro vivo

■ *"Se o governo pode criar uma apólice em dólar, pode criar também uma letra de câmbio em dólar."*
— Henry Ford, *New York Times*, 1921

Que fazer com respeito ao suprimento cada vez menor de dinheiro para alguns setores-chave, cidades e projetos públicos? O problema, no entender de alguns, é que tão grande parte do dinheiro em circulação foi criada por bancos privados e baseada em dívidas que precisa ser paga com juros. A solução seria, pois, fazer com que o banco central emitisse moeda sem ônus desse tipo.

Essa solução radical foi muito popular em meados do século XX, com o grande economista Irving Fisher exigindo que os bancos fossem proibidos de emitir moeda. Se emprestassem dinheiro, deveriam recorrer a seus depósitos e a nada mais.

Segundo uma proposta simples, há pouco apresentada ao Parlamento britânico e ao Congresso americano, o Banco da Inglaterra deveria emitir dinheiro isento de dívidas e emprestá-lo para pagamento de infra-estrutura pública como novas ferrovias e hospitais — e, feito o pagamento, retirá-lo de circulação. Foi a solução proposta em 1921 pelos industriais Henry Ford e Thomas Alva Edison.

Se o dinheiro tiver mesmo de ser criado, poderá ser menos inflacionário se o for pelo governo, sem juros, do que pelos bancos. Dizem os economistas que os juros disciplinam os grandes empréstimos, o que é verdade. Mas trata-se de uma disciplina muito cara: os investidores do metrô de Londres esperam lucrar 2,7 bilhões de libras em vida da PPP (Parceria Público-Privada), em paga de investimentos de apenas 530 milhões — e um terço disso irá para os intermediários financeiros.

Também aqui há precedentes:

Bradburys. Em 1914 o secretário do Tesouro, David Lloyd George, evitou um colapso bancário determinando que o governo imprimisse suas próprias notas bancárias, chamadas *bradburys* porque vinham assinadas pelo diretor do Tesouro, Sir John Bradbury. Os bancos ficaram furiosos quando a coisa foi em frente.

Moeda circulante. Cerca de 30% do dinheiro em circulação já são criados dessa maneira — outrora, mais ainda. São as notas e moedas emitidas pelo governo, com um lucro chamado *seigniorage* — a diferença entre o custo da impressão das cédulas e seu valor facial. Os economistas conhecem-no como M0, em oposição a todas as outras medidas sobre dinheiro em circulação, M1, M2, M3, etc.

Ainda a moeda circulante. Não faz muito, em 1960, cerca de 21% do dinheiro em circulação eram emitidos pelo Banco da Inglaterra como moeda sonante — e a inflação era a mesma de hoje. Assim, há motivos para fazer isso de novo atualmente.

O governo tem o direito de criar o crédito de que precisa para investimentos civilizados e deve agir assim.

James Robertson e Joseph Huber, *Creating New Money: A Monetary Reform for the Information Age*, New Economics Foundation, 2000, ISBN 1899407294

Outra maneira de fazer dinheiro 2

Crédito social e advento dos Greenshirts

"O sistema bancário foi concebido em iniqüidade e nasceu em pecado ... Os banqueiros são os donos da Terra. Tomai-a deles, mas deixai-lhes o poder de emitir moeda e, com uma penada, gerarão mais dinheiro para comprá-la de volta."
— Sir Josiah Stamp, diretor do novo Banco da Inglaterra

Nas décadas turbulentas de 1920 e 1930, a idéia de o governo criar dinheiro novo tornou-se a crença principal de uma nova ideologia, oriunda de um estranho amálgama de socialismo e entusiasmo pelos dias das guildas medievais. Era o chamado crédito social.

"O problema é pior do que supúnhamos", segundo seu fundador, o "major" Clifford Hugh Douglas, engenheiro da fábrica de aviões Farnborough. "Não há dinheiro suficiente em circulação para pagar todas as dívidas do mundo." E isso é verdade ainda hoje, de sorte que nossas vidas vão caindo cada vez mais nas garras dos banqueiros.

O livro *Economic Democracy* (1920), de Douglas, provocou uma cisão entre os políticos de esquerda e — embora nunca ficasse claro o que ele desejava fazer a respeito — um vigoroso manifesto tomou corpo à sua volta. O que se queria era impedir por completo que os bancos emitissem moeda — só poderiam emprestar o que alguém depositara em seu caixa — e gerar dinheiro sob a forma de uma renda básica para cada cidadão, creditada em sua conta todos os meses. Assim, a economia "subiria" ao invés de "descer", como em geral se pensava.

Nos anos 1930, Douglas conseguia lotar estádios com seus adeptos na Austrália, Canadá e Reino Unido. Cerca de 90 milhões sintonizavam seu programa de rádio nos Estados Unidos, enquanto dois Estados canadenses elegiam administradores de crédito social. Eles ficaram no poder em Alberta até 1971, impedidos pelos tribunais de cumprir sua promessa de assegurar $25 de dividendos a cada pessoa mensalmente.

No Reino Unido, uma ala dissidente dos Escoteiros transformou-se no Partido do Crédito Social — para horror de Douglas — e marchou pelas ruas como os Greenshirts (Camisas Verdes). O homem extraordinário por trás do movimento, John Hargrave, tornou-se figura de destaque pouco antes da guerra, quando uma flecha verde encravou-se na porta do nº 10 de Downing Street. Mas ao perder seu depósito em Stoke Newington durante as eleições gerais de 1950, ele pôs fim ao partido.

O crédito social cedeu ao anti-semitismo e à paranóia na década de 1950: por algum motivo, os que acreditavam numa conspiração de banqueiros estavam a um passo de acreditar num motim de judeus. As conspirações continuam na Internet: tanto Lincoln quanto Kennedy teriam sido assassinados por querer prejudicar os bancos.

Mas Douglas influenciou jovens economistas como James Meade — que declarava ter Keynes aprendido também com ele. Hoje, meio século depois, o crédito social livrou-se do anti-semitismo e voltou à moda como uma solução radical para a crise da dívida do mundo. Entretanto, ainda é uma idéia controvertida por pretender entregar o controle do suprimento de dinheiro ao centro — seja esse centro o governo ou alguns figurões em volta de uma mesa.

Os governos sempre foram famosos pela incerteza quanto ao montante de dinheiro a emitir; mas mesmo um conselho "independente" é uma força centralizadora. Esse é o tema de um debate acirrado: o sistema atual não funciona, mas deveremos concentrar o poder de criar dinheiro no centro ou ampliar o número de instituições aptas à tarefa?

Eu, pessoalmente, preferiria ampliar ao máximo possível a capacidade de criar o dinheiro do qual necessitamos. O crédito social tem, contudo, uma história fascinante e negligenciada. Quanto a Douglas, por pouco não logrou êxito em sua campanha — e poderia lográ-lo ainda hoje.

Frances Hutcheson,
What Everyone Wants to Know about Money,
Jon Carpenter, 1998,
ISBN 1897766335

Outra maneira de fazer dinheiro 3

Uma nova moeda global de petróleo, metal, comida...

■ *"Estivemos fora da realidade, sem estabilidade. O preço do ouro subiu em mais de 70%. É como se uma régua de 20 cm se esticasse de repente para 35 ou 40."*
— Winston Churchill em sua desastrosa decisão de atrelar de novo a libra ao padrão-ouro

Que fazer com respeito ao suprimento cada vez menor de dinheiro para alguns aspectos importantes da vida? O problema,

segundo alguns, é que o dinheiro se transformou por direito próprio num bem como outro qualquer. Uma vez que não se baseia no valor de nada, pode valer o que o pessoal de Wall Street disser que vale — talvez coisa alguma. Há sempre um destino mais lucrativo para ele do que ser aplicado em coisas úteis.

Em tais circunstâncias, não é de surpreender que escape facilmente das mãos dos pequenos fazendeiros ou industriais para passar às dos bancos, fundos clandestinos, serviços financeiros e ricaços.

É o que acontece, dizem, quando a maior parte do dinheiro do mundo carece de lastro (ver p. 146): moeda que existe só porque o governo diz que existe, com o valor sustentado pelas dívidas, isto é, pelo que as autoridades pediram emprestado para criá-la e pela confiança em sua capacidade de pagar o que devem.

Há, contudo, uma longa tradição que exige algo diferente. Ela vai desde o anarquista francês Pierre-Joseph Proudhon e seu Banco do Povo (ver p. 153), que preceituava dinheiro baseado no valor de bens e serviços, até o inovador social americano Bob Swann, que inventou o dinheiro baseado em produtos agrícolas (ver p. 151).

Entre esses homens está Keynes, cujo plano para o sistema econômico pós-Segunda Guerra Mundial — rejeitado pelo governo dos Estados Unidos — incluía uma moeda internacional capaz de amparar tudo o mais, baseada em bens como o trigo e o petróleo. Esse tipo de estabilidade era urgente durante os anos de fome que, na Europa, se seguiram ao fim do conflito: o grande decano dos bancos de investimentos, Benjamin Graham, propôs uma moeda global lastreada no valor do alimento estocado em todo o mundo.

Mais recentemente, tivemos o plano de um dos idealizadores do euro, Bernard Lietaer, para a "terra" — uma moeda mundial fundamentada num conjunto de bens (de cobre a açúcar) que tornaria estáveis todas as demais. Essa moeda:

Seria imune à inflação porque seu valor subiria ou cairia segundo o valor real do petróleo, trigo ou cobre.

Teria uma carga de juros negativa (ver p. 147) para ser real — bens reais, de qualquer modo, emboloram e enferrujam. Isso também desencorajaria os especuladores ávidos por juntar dinheiro.

Esfriaria a economia do mundo em períodos eufóricos e a reaqueceria depressa após uma recessão.

Ajudaria a todos que produzem bens no mundo em desenvolvimento, cortando os custos de estocagem.

Daria ao mundo um padrão de valor extremamente necessário, retirando esse poder aos especuladores.

Ainda não há sinal de "terra" à vista, mas os argumentos em seu favor continuam relevantes como sempre. Ela não substituiria outras moedas, nacionais e locais, mas as complementaria e ampararia.

Bernard Lietaer,
The Future of Money: A New Way to Create Wealth, Work and a Wiser World,
Century, 2001,
ISBN 0712699910

A renda dos cidadãos

O direito de viver

■ *"Para rir se fazem festas e o vinho dá alegria; mas o dinheiro a tudo responde."*
— Eclesiastes, 10:19

Pesadas burocracias gastam enormes somas de dinheiro, todos os anos, tentando garantir que ninguém receba salário-desemprego ou qualquer outra forma de indenização, a menos que esteja realmente necessitado. Perguntamo-nos: não seria mais barato conceder esses benefícios a todos?

Quando se pensa que é tão fácil ganhar a vida fazendo tarefas sem utilidade alguma

para os homens ou o planeta (como escrever comerciais de cigarros e vender sanduíches da McDonald's) e tão difícil ser pago por um trabalho que o mercado não valoriza (cuidar de crianças, zelar pelo meio ambiente), cabe perguntar se não seria mais conveniente cortar de vez o vínculo entre emprego e renda básica.

As pessoas poderiam então ganhar dinheiro extra com supérfluos, mas também devotar sua vida à arte ou aos cuidados para com os pais idosos, se o quisessem.

Essa era uma das idéias que animavam o movimento do crédito social nos anos 1930 (ver p. 107), embora seus representantes no governo de Alberta fossem, em 1935, impedidos pela suprema corte do Canadá de pagar "dividendos" anuais a quem quer que fosse. Um relatório sobre o plano Beveridge para o estado de bem-estar social, em 1943, propunha algo parecido, mas financiado pelo imposto. A idéia de créditos tributários para famílias constitui também um movimento lento rumo a uma renda mínima — assegurando que todos tenham o suficiente com que viver —, mas ainda não vingou. Terá de esperar um pouco até ser amplamente aceita, em parte por causa do aumento de impostos necessário para pagar uma boa quantia ao cidadão.

As opiniões diferem quanto ao que iria custar. Há outros riscos: os empregados poderiam ser atraídos por salários mais baixos sabendo que o governo assumirá suas responsabilidades. Poderia baixar a auto-estima de algumas pessoas, que não precisariam sair para ganhar a vida — o que, às vezes, chega a salvar vidas. Mas, ainda assim, os benefícios da renda mínima para o cidadão seriam enormes. Significaria, por exemplo:

- Nada de burocracia gigantesca em prol do bem-estar, pois todos teriam meios de sobreviver — como é de direito.
- Nada de obrigar artistas, atores, poetas e outros a trabalhar em empregos que não lhes convêm.
- Nada de forçar a procurar trabalho "remunerado" as pessoas que ajudam a comunidade — zelando pelos semelhantes, tratando dos idosos, construindo capital social.
- Nada do absurdo de pagar alguém para cuidar dos filhos da vizinha, mas não dos seus próprios.

Há ainda outros meios de financiar a renda dos cidadãos. A Noruega investe seus ganhos com o petróleo num fundo que beneficiará as futuras gerações. E, se os investimentos estrangeiros voltassem à propriedade local após 20 anos (ver p. 59), as pessoas poderiam receber dividendos anuais com base nos lucros.

Quem desempenha um papel importante, mas não "econômico" na sociedade talvez não mereça muito do Estado; suas necessidades básicas, porém, precisam ser atendidas (ver p. 161). O sistema atual define o trabalho de forma cada vez mais restrita e poderá empobrecer-nos a todos eliminando o que não seja imediatamente comerciável. A menos que tenhamos a renda do cidadão, é claro.

www.citizensincome.org

Microcrédito

Um sistema bancário pequeno é bonito

■ *"A questão não é se o povo merece crédito e sim se os bancos merecem o povo."*
— Mohammed Yunus, fundador do Grameen Bank

O professor de Economia de Bangladesh, Mohammed Yunus, estava numa conferência de banqueiros em Nova York, em 1976, quando lhe veio à cabeça que pelo menos 80% de seus patrícios nunca receberiam empréstimos dos que se encontravam no recinto.

Ele voltou para casa e fundou o Grameen Bank, hoje modelo para bancos de micro-empréstimos e pequena escala no mundo inteiro. Empresta quantias muito pequenas — o suficiente para uma galinha ou vaca e, mais recentemente, para um telefone celular que pode ser usado por toda uma aldeia ("Um celular é uma vaca", dizem em Grameen). O dinheiro é confiado quase sempre às mulheres, que o controlam melhor que os homens, e cada empréstimo conta com grupos de apoio de outras mulheres.

O Grameen operava originalmente de moto-cicleta, percorrendo algumas das aldeias mais pobres do mundo. "Vi seu banco passar numa nuvem de poeira" foi o título do primeiro artigo sobre a instituição no *Christian Science Monitor.*

Seu sucesso foi enorme. O banco não apenas reduziu os débitos duvidosos a apenas 1% — em comparação com os 10% dos bancos ocidentais que emprestam aos ricos — como estabeleceu um modelo absolutamente novo de desenvolvimento que pode,

de fato, ajudar os mais pobres a permanecer independentes. Hoje esse pessoal marca presença em 35.000 aldeias, com 12.000 empregados e dois milhões de clientes — 94% deles, mulheres. E tem muito poder político.

O Grameen também permite que as pessoas escolham o investimento que possa melhorar de modo mais acentuado suas vidas, oferecendo serviços e alimentos nos lugares mais pobres — ao invés de esperar inutilmente que grandes empresas acorram para fazer algo parecido.

A instituição inspirou milhares de projetos de microcrédito pelo mundo afora. Com isso, o Primeiro Mundo aprendeu muito sobre o desenvolvimento do Terceiro. O microcrédito alcançou a apoteose com a conferência de cúpula UN Micro-Credit em 1996, patrocinada em Washington por Hillary Clinton. Idéias parecidas frutificaram em muitos outros países, inclusive a Polônia, cujo modelo — Fundusz Mikro, criação da banqueira comercial britânica Rosalind Copisarow —

também está funcionando bem na Grã-Bretanha. Aqui vão outros modelos:

Grameenphone: oferece serviços de telefonia em Bangladesh, onde de outra forma não existiriam (os habitantes locais que desejam um celular têm de esperar dez anos e pagar $500, enquanto os de Nova York podem ter o seu imediatamente, grátis e direto no balcão).

Sindicatos de crédito: os esquemas de poupança e empréstimo, controlados pelas pequenas comunidades, espalharam-se da Irlanda para o Reino Unido, dando aos mais pobres algum alívio financeiro; de outro modo precisariam recorrer aos prestamistas que cobram até 5.000% ao ano.

Bancos Sociais: como a London Rebuilding Society, o Aston Reinvestment, o Triodos Bank em Bristol, Espanha e Holanda, e o famoso South Shore Bank em Chicago, que emprestam dinheiro para empresas com fins sociais — empresas de fins lucrativos com objetivos sociais — oferecendo serviços a áreas urbanas.

Mohammed Yunus,
Banker to the Poor:
The Story of the Grameen Bank,
Aurum Press, 2003,
ISBN 1854109243

Seção V

Dinheiro Louco

O sistema financeiro mundial fabrica novos bilionários todos os dias, fomenta cada vez mais a pobreza e as dívidas, e torna-se mais e mais instável. Entre as pessoas que o administram, jovens peralvilhos de 24 anos em Londres e Nova York ganham tanto mais dinheiro quanto mais ele flutua. É um mundo louco...

Dinheiro criminoso

A economia da sombra

■ *"Sou apenas um homem de negócios."*
— Al Capone

Uma das peculiaridades do dinheiro é que, ao longo da história, ele sempre procurou erradicar privilégios tradicionais. Os nobres da Idade Média viam com horror os mercadores procurando equiparar-se a eles simplesmente por serem ricos. Assim, apressaram-se a promulgar normas sobre o que os membros das diferentes classes poderiam trajar, chegando a impedir os plebeus de jogar xadrez (e às vezes vencer). Mas o que prevaleceu foi a força do dinheiro: ele tem sua própria aristocracia e destrói todas as outras.

Dada a atual flexibilidade dos privilégios sociais, o dinheiro vai devorando o que se atravessa em seu caminho — família, moral, comunidade, leis — com aterradora rapidez. O resultado é que as maiores indústrias do mundo, afora o petróleo e as armas, são agora as drogas, o sexo e a imigração ilegal.

Os lucros anuais do tráfico de drogas (maconha, cocaína, heroína) são estimados em $300-500 bilhões, o que significa 10% de todo o comércio mundial. Mesmo a pirataria eletrônica obtém mais de $200 bilhões, sendo os produtos falsificados — CDs e vídeos — responsáveis por cerca de $100 bilhões. Quanto mais os copyrights e as patentes se disseminam, mais contente fica o "submundo".

O faturamento anual do crime no mundo — o Produto Criminoso Bruto — chega hoje, acredita-se, a aproximadamente $1.000 bilhão ou cerca de 20% do comércio mundial. Desse montante, uns $350 bilhões são dinheiro lavado e reinvestido anualmente à taxa de $1 bilhão por dia.

Sim, o crime é um grande negócio. A maior quadrilha do mundo é a tríade Sun Yee On, com sede em Hong Kong. Ela emprega entre 47.000 e 60.000 agentes em todo o mundo.

Compare-se isso ao comércio semilegal de armas, em boa parte financiado por governos responsáveis. As exportações britânicas, por exemplo, geram muito do que o Terceiro Mundo deve ao Reino Unido — cerca de $800 bilhões por ano.

Algumas das atividades de empresas legais podem ser incluídas na categoria criminosa. Exceto quando elas provocam danos reparáveis na justiça — crianças que nascem defeituosas em conseqüência de substâncias empregadas no cultivo do fumo, por exemplo —, são conhecidas como "externalidades". Por volta de 56.000 americanos morrem todos os dias no trabalho ou em virtude de doenças ocupacionais como fibrose pulmonar ou asbestose. Centenas de milhares de pessoas no mundo inteiro também sucumbem à violência silenciosa da poluição, dos alimentos contaminados, dos produtos de consumo perigosos e das mazelas hospitalares.

Nos anos 1990, as principais empresas com "ficha criminal" foram:

- A fabricante de produtos farmacêuticos suíça Hoffmann-La Roche, multada em $500 milhões segundo as regulamentações internacionais antitruste.
- O banco japonês Daiwa, multado em $40 milhões por envolvimento em lavagem de dinheiro.
- A Exxon Corporation e a Exxon Shipping, multadas em $125 milhões por poluição.

Quando as empresas acham que seu único dever moral é obter lucros, o que podemos esperar? (Já começam a surgir acusações contra executivos que adulteram balanços e o possível colapso da Enron.)

Os ganhos dos executivos também não são o negócio misterioso, mas perfeitamente legal que parece. O executivo-chefe do conglomerado americano Tyco, Dennis Kozlowski, e seu diretor financeiro Mark Swartz foram acusados em 2003 de surrupiar $400 milhões dos cofres da companhia durante dez anos. (Dennis gostava de cortinas de banheiro de $6.000 e de guarda-chuvas de $15.000.)

www.corporate.predators.org

A maldição do petróleo

Por que nada mais é real

■ *"A idade da pedra chegou ao fim, mas não por falta de pedras; a idade do petróleo terminará, mas não por esgotamento do petróleo."*
— Xeque Yamani, ex-ministro do Petróleo da Arábia Saudita

"O que a faz pobre é sua riqueza", disse um economista espanhol do século XVI a respeito da Espanha, inundada de ouro e às voltas com a inflação conseqüente. Desastre parecido sofreu o Peru durante o *boom* do guano e o Brasil durante o *boom* da borracha. Esses paradoxos são a base da chamada "maldição do petróleo".

Nada assanha mais os governos do que descobrir de repente que têm petróleo, como fizeram os britânicos na década de 1960. A irrupção do ouro negro do fundo do mar ou das entranhas da terra basta para convencer os detentores dos direitos de exploração de que seus problemas se foram para sempre. Na verdade, o oposto é que é verdadeiro — e foi o motivo de o ex-ministro do Petróleo venezuelano e co-fundador da OPEP chamar o petróleo de "excremento do diabo".

Há exceções à regra, como a Noruega e a Malásia, que utilizaram as rendas do petróleo para diversificar a economia. Mas, de um modo geral, os países que mais dependem da riqueza do petróleo se saem mal com o tempo, enquanto os que menos dependem se saem bem. Estranho, muito estranho.

Por que acontece isso? O que vem fácil vai fácil: os *booms* têm fim (ver p. 133), deixando para trás suntuosos edifícios em ruínas ou cidades fantasmas — tudo o que restou da corrida do ouro na Califórnia e no Alasca. Enquanto isso, a breve cascata de ouro encoraja os beneficiários a gastar, gastar, gastar sem consideração pelo futuro — que sempre chega. Os *booms*, além de tudo, expulsam as pessoas mais produtivas. Se você duvidar, dê uma espiada na cidadezinha de Black Hawk após a legalização do jogo no Colorado: quase todos os edifícios públicos se transformaram em cassinos ou bingos, sendo que as únicas pessoas nas ruas são homens de óculos escuros oferecendo-se para estacionar seu carro. Processo similar está ocorrendo em maior escala em paraísos fiscais (ver p. 55) como Jersey e Chipre.

O petróleo dá às nações uma falsa sensação de segurança. Elas acreditam que a riqueza as protegerá da necessidade de fazer investimentos e tomar decisões difíceis, decisões que de qualquer forma o povo se recusa a aceitar. Acreditam, ainda, que a energia sempre será barata — crença que está paralisando os Estados Unidos —, ou seja, que não precisam inovar para economizá-la. Enquanto isso, as invenções e a eficiência resultantes do racionamento da energia ficam nas mãos de seus concorrentes pobres em petróleo.

A versão britânica da maldição do petróleo afeta também outros países: a riqueza do petróleo aumenta preços e salários, e — pior que tudo — fortalece o valor da moeda no mercado internacional pela ação dos especuladores. Resultado: como os outros países não podem mais adquirir seus produtos, suas fábricas começam a fechar uma a uma.

Eis a maldição do petróleo: tudo o que resta na economia é petróleo e serviço financeiro. A produção industrial torna-se inviável — pois quem quererá iniciar um negócio tão trabalhoso e tão pouco lucrativo quando se pode simplesmente participar dos despojos da bolha do mercado de ações? O problema com as modernas economias bem-sucedidas é, pois, que as coisas reais tornam-se mais inacessíveis que as irreais.

Terry Lynn Karl,
The Paradox of Plenty:
Oil Booms and Petro-states,
University of California Press, 1997,
ISBN 0520207726

Adeus, mundo real

O dinheiro como um bem

■ *"Enquanto meia saca de trigo é vendida por menos de $4, meia saca de corn flakes é vendida por $133."*
— Relatório da Canadian National Farmers Union, 2000

Passaram-se dois séculos desde a Revolução Industrial e mais de meio século desde que os planejadores começaram a reparar nos índices de "crescimento" econômico. Uma coisa, porém, nunca muda. Não importa o êxito aparente de uma economia, não importa sua produção, o abismo entre ricos e pobres tende a eternizar-se — e a aumentar.

Quando o magnata dos transportes marítimos Charles Booth organizou a primeira pesquisa de porta em porta de Londres, nos anos 1880, para ganhar uma aposta, descobriu que 30,5% dos londrinos eram "pobres". Antes da criação dos asilos pela Nova Lei Complementar dos Pobres de 1834, mais de 20% da renda nacional do Reino Unido eram gastos em assistência social — por intermédio das paróquias.

Hoje, no século XXI, avaliamos essas coisas de modo diferente, mas tudo ficou na mesma: cerca de um terço de nossas cidades é pobre, assim como um terço das nações é de países considerados "menos desenvolvidos".

No entanto, as coisas se tornaram mais complicadas — e piores. O dinheiro favorece os que já são ricos em detrimento dos pobres, e os países já ricos em detrimento dos países pobres. A economia irreal dos serviços financeiros também favorece a especulação em prejuízo das pessoas que trabalham, assim como favorece os que sabem em prejuízo dos que fazem (ver p. 94). Favorece também a capacidade pseudocientífica — contabilidade, por exemplo — à custa da capacidade humana, como enfermagem.

De todas as loucuras que o dinheiro tem provocado ao longo da história, essa é a mais insidiosa, a mais prejudicial e a mais injusta. Por quê?

Uma das pistas está no relatório de 2000 da Canadian National Farmers Union: "Enquanto os plantadores de cereais são levados quase à falência, os fabricantes de matinais acumulam lucros imensos. Em 1998, as indústrias Kellogg, Quaker Oats e General Mills tiveram lucros líquidos de 56%, 165% e 222% respectivamente. Enquanto meia saca de trigo é vendida por menos de $4, uma saca de *corn flakes* é vendida por $133. Em 1998, as indústrias eram de 186 a 740 vezes mais lucrativas que as fazendas. Talvez os agricultores estejam ganhando pouco porque outros estão levando muito."

Os problemas são:

Monopólios. Algumas das grandes corporações estão na condição de semimonopólios, sugando as que desgraçadamente confiam nelas e são recompensadas com cotas mais elevadas: nenhuma tanto quanto as pequenas fazendas, espinha dorsal da produção real de qualquer país.

Atravessadores. Eles aspiram o dinheiro: os industriais, principalmente, têm de ceder a intermediários poderosos como donos de supermercados, marqueteiros, publicitários. Agenciadores transformam um *jeans* fabricado para companhias como a Disney a 20 centavos de dólar a peça — costurado por mulheres nicaragüenses que chegam a trabalhar em turnos de vinte e quatro horas, dormindo em casebres — em roupas vendidas em Nova York e Londres por $20 ou $30.

Dinheiro. Nenhum bem consegue concorrer com o dinheiro, o qual propicia melhores retornos a quem tem acesso a crédito praticamente ilimitado do que qualquer processo natural. Nós, portanto, exigimos um retorno substancial — e somos ameaçados de desastre econômico quando esse crescimento inexorável começa a recuar. Se chega a menos de 2% ao ano, os planejadores ficam pálidos de ansiedade.

Murdoch. Há também as taxas que beneficiam os grandes e prejudicam os pequenos. Os pobres pagam cada vez mais impostos, as empresas ricas cada vez menos. Entre as que não pagam praticamente nada está a News Corporation de Rupert Murdoch. E, o que é mais, os ricos que pedem emprestado pagam menos que os pobres que fazem o mesmo (ver p. 98).

O resultado dessa insanidade monetária está à nossa volta: lugares iguais, culturas iguais, dependência crescente e, no mundo inteiro, fazendas que vão à falência e fazendeiros que se suicidam — como os da Índia, endividados demais para com as multinacionais das sementes e os prestamistas para vislumbrar qualquer futuro que valha a pena.

Preços de alguns bens 1980-1997:	
Açúcar	menos 73%
Coco	menos 58%
Borracha	menos 52%
Arroz	menos 51%
Algodão	menos 35%
Cobre	menos 30%

Vandana Shiva,
*Stolen Harvest:
The Hijacking of the Global Food Supply,*
South End Press, 1999,
ISBN 0896086070

Abstrações

Rumo a uma economia pós-autista

■ *"Onde está a sabedoria que perdemos no conhecimento? Onde está o conhecimento que perdemos na informação?"*
— T. S. Eliot

Um sólido conhecimento da matemática é muitíssimo valorizado na nossa sociedade, embora os números sejam incapazes de descrever as complexidades da verdade humana. Enquanto isso, outras habilidades menos rigorosas são subvalorizadas. Essa é a nossa tragédia e a fonte de muitos de nossos comportamentos ineficientes ou equivocados mais comuns.

Entre as disciplinas que se empobreceram por isso, a economia foi a que mais sofreu. O que começou como filosofia moral empenhada em explicar como o dinheiro atua tornou-se um emaranhado peculiar de fórmulas e estatísticas abstratas de pouca ou nenhuma relação com o mundo real. Todos sabem que os seres humanos, na verdade, não perseguem seu próprio interesse o tempo todo, mas é dessa pequena mentira que depende boa parte da economia. O resultado da tirania dos números sobre a verdade é uma espécie de autismo, segundo alguns estudantes de economia franceses que, em 2000, lançaram a campanha Economia Pós-Autista.

"No começo, era apenas uma iniciativa modesta, quase confidencial", escreveu o jornal francês *Le Monde* em setembro de 2000. "Tornou-se agora assunto de importante debate que gerou um estado de efervescência na comunidade dos economistas. Não se deveria repensar o ensino da ciência econômica nas universidades?" Um pequeno grupo de estudantes protestou contra o "uso descontrolado da matemática" na economia. Os jovens alegaram que a matemática se tornara "um fim em si mesmo", transformando a economia no que chamaram de "ciência autista", dominada por abstrações sem relação alguma com o mundo concreto.

Em duas semanas, a petição exigindo retomada de contato com o mundo real já havia colhido 150 assinaturas, muitas delas de membros das mais renomadas universidades francesas. Logo, jornais e redes de televisão por toda a França tomaram conta da história, enquanto até professores antigos começavam a elaborar seu próprio abaixo-assinado. No outono, a campanha já provocava um acirrado debate na Sorbonne e o ministro da Educação, Jack Lang, prometia nomear uma comissão para estudar o problema e propor mudanças no ensino da economia.

Na ocasião, houve também uma troca de artigos virulentos entre economistas franceses e americanos, um contra-abaixo-assinado do MIT e uma inusitada petição pós-autista dos doutorandos de Cambridge — inusitada porque, temendo pelo futuro de suas carreiras, os signatários não colocaram ali seus nomes verdadeiros.

www. paecon.net

Falsificação

O flagelo do dinheiro falso

> "Não haveria ouro falso se, em alguma parte, não houvesse ouro verdadeiro."
> — Provérbio sufi

O Banco da Inglaterra começou a emitir notas de banco em 1694, impressas em preto. Logo o país se via avassalado por contrafações e precisou comprar papel especial com marca-d'água da Suécia. Entrementes, o Banco Real da Escócia apressou-se a fechar as portas antes do inverno, temendo receber moedas danificadas por engano à fraca luz da noite. Foram eles que primeiro imaginaram cédulas multicoloridas e impressas dos dois lados.

Ser banqueiro não era nada fácil na época em que a maioria dos bancos ingleses e todos os americanos costumavam imprimir suas próprias cédulas. Com milhares de variedades em circulação, as lojas dos Estados Unidos tinham que ter na gaveta um calhamaço chamado Detector Universal de Falsificações a fim de distinguir as trinta mil notas existentes.

No tempo dos "bancos sem lastro", qualquer um podia abrir um banco no Velho Oeste, imprimir notas, pagar o que quisesse — e depois, simplesmente, desaparecer. O sistema não era de todo mau: punha dinheiro à disposição dos pequenos agricultores que nunca conseguiriam tomá-lo dos bancos convencionais. Entretanto, deu aos Estados Unidos dois séculos de bancarrotas como a do filme *It's a Wonderful Life*. Quando o governo americano passou a emitir as "verdinhas" em 1862, acabaram-se os bancos sem lastro, mas não as falsificações.

A maior tentativa de falsificação da história deveu-se ao esforço de guerra nazista. Imprimiram-se 135 milhões de libras esterlinas falsas nos campos de concentração para inundar a economia britânica. O plano revelou-se impraticável e os alemães utilizaram as notas em projetos que exigiam pesados pagamentos — como o resgate de Mussolini.

Coisa estranha, a velha falsificação está prosperando — principalmente graças ao computador. Vem aumentando desde 1997, quando se emitiram $6,1 milhões. (Todos os anos, os bancos britânicos recolhem 80.000 libras em notas perfeitamente confeccionadas que se descobrem falsas depois de passar pela máquina de lavar e vão juntar-se a outras seis toneladas de cédulas velhas que são retiradas de circulação diariamente no Reino Unido.)

Mas o que é falsificação? Quando o dólar americano é lastreado por dívidas e pela confiança de que será resgatado, essa realidade também constitui um problema. E nestes dias em que as notas de banco são substituídas em poucos meses, afora o inconveniente das moedas, os mundos da realidade e da irrealidade se superpõem de modo estranho. Por exemplo:

- Cerca de um quarto de milhão de dólares em moedas falsas novas aparece diariamente nos Estados Unidos.
- Antigamente as notas bancárias eram transformadas em fertilizantes depois de retiradas de circulação; mas hoje, como são feitas de plástico, acabam derretidas e utilizadas para fabricar carrinhos de mão.
- Um banco inglês que acidentalmente encomendou seis milhões de moedas de 50 pence achou mais barato enterrá-las do que guardá-las.
- A Parker Brothers imprimiu mais dinheiro Monopoly do que o US Federal Reserve em moeda real. A pilha do dinheiro Monopoly alcançaria dois mil metros de altura.
- Por dez centavos, você pode comprar pela Internet cédulas de um milhão de dólares absolutamente perfeitas.
- $220 milhões de notas de dólar falsificadas voaram de um estúdio cinematográfico em Las Vegas e foram gastas pelos transeuntes.

David Sinclair, *The Pound: A Biography*, Arrow, 2001, ISBN 0099406063

Grandes quebras 1

Da Tulipamania aos Mares do Sul

■ *"Os especuladores não causam mais dano que uma bolha no fluxo contínuo de uma empresa. Mas a coisa fica mais séria quando a própria empresa se torna a bolha no torvelinho da especulação."*
— John Maynard Keynes, *The General Theory of Employment, Interest and Money*

Supõe-se que o sistema monetário funcione porque as pessoas investem em ações emitidas para levantar o capital de que as empresas precisam para iniciar suas atividades. Essa situação está hoje invertida: nós levantamos capital ocasionalmente, por meio de ações, mas a vasta bonança especulativa que domina as bolsas durante 24 horas por dia no mundo inteiro é o tema dominante (ver p. 44).

Às vezes, a bonança cruza uma linha invisível e torna-se maluca, abalando o *status quo* e ameaçando nações com a anarquia. Já no início do século XVIII, Jonathan Swift (autor das *Viagens de Gulliver*) quase foi preso por publicar suas diatribes contra homens poderosos que manobravam os cordões por trás da especulação.

Na época, os efeitos bizarros das "bolhas" financeiras — quando, de repente, a sociedade enlouquece sonhando com riquezas inauditas e quase se arruína com isso — estavam muito claros. A "tulipamania" na Holanda dos anos 1630 foi uma das primeiras bolhas do mundo moderno. Especulava-se com a alta e a baixa no preço dos bulbos de tulipa, e muita gente ficou rica de repente, quando a especulação ficou fora de controle.

Escrevendo dois séculos depois, Charles MacKay, autor de *Extraordinary Popular Delusions and the Madness of Crowds* [Ilusões Populares Extraordinárias e a Loucura das Multidões], afirmou que "nobres, cidadãos, fazendeiros, mecânicos, marujos, lacaios, criadas, até limpadores de chaminé e velhotas costureiras dedicavam-se às tulipas. Gente de todas as condições transformou suas propriedades em dinheiro vivo e investiu-o em flores. Casas e terras eram oferecidas por preços ruinosamente baixos ou dadas em pagamento no mercado de tulipas. Os estrangeiros logo foram contaminados pela mesma sandice e o dinheiro correu para a Holanda de todas as direções. Os preços dos artigos necessários à vida subiram de novo por etapas: casas e terras, cavalos e carruagens, objetos de luxo de todo tipo acompanharam a alta, ficando a Holanda parecendo a antecâmara de Pluto".

Os bulbos de tulipa comprados para os jardins das residências alcançaram subitamente preços mirabolantes, sendo os mais raros adquiridos para especulação. Circulavam estranhas histórias sobre pessoas que os compraram pensando tratar-se de cebolas, comeram-nos por engano e descobriram ter consumido o valor de uma casa espaçosa.

Então o mercado desabou, os especuladores ficaram arruinados e os aristocratas tiveram de hipotecar suas propriedades. Muitos fizeram votos para que nunca mais acontecesse coisa semelhante. Mas sempre acontece, e nas mesmas linhas: a crença em que alguma ruptura tecnológica ou econômica mudou permanentemente o modo como os mercados reagem. Os incrédulos são ridicularizados em público e propalam-se garantias de que desta vez tudo vai ser diferente.

O financista escocês John Law persuadiu o governo da França a fundar a Banque Royale em 1717, por intermédio da qual ele emitiu grandes quantidades de cédulas a serem lastreadas pelos lucros de sua Mississippi Company especulativa. Houve tumultos na Bolsa de Paris, com as pessoas brigando e até se vendendo para comprar ações. A companhia teve tanto êxito que Law concordou em assumir toda a dívida nacional francesa, transformou-a em papel e tornou-se o homem mais rico do mundo. Receoso de que seu monstro ficasse sem combustível, contratou operários para marcharem pelas ruas de Paris — na aparência, a caminho da América do Sul para escavar ouro. Mas isso não funcionou. Em 1720 a bolha explodiu e Law fugiu para salvar a pele, indo morrer pobre em Veneza. A aristocracia e a classe média francesa estavam arruinadas. Abria-se o caminho da revolução.

Ao mesmo tempo a South Sea Company, com sede em Londres, assumia o débito nacional britânico e a especulação com suas ações multiplicava-lhes o valor por dez. Outras empresas a imitaram e entraram na dança com propostas bizarras de desenvolver o moto-perpétuo, comercializar cabelos, oferecer seguros para cavalos ou "levar adiante um empreendimento extremamente lucrativo, que só será revelado mais tarde".

Quando o presidente e alguns diretores da South Sea Company venderam suas quotas, a bolha começou a esvaziar-se, com efeitos desastrosos semelhantes para os que haviam enriquecido. Um dos poucos que conseguiram vender suas ações a tempo foi um modesto livreiro chamado Thomas Guy: ele ficou tão agradecido por escapar com sua nova fortuna intacta que fundou o Guy's Hospital de Londres.

No século seguinte (década de 1840), houve a trágica especulação com ações de ferrovias. Cinqüenta anos depois, o Banco da Inglaterra teve de socorrer o Barings Bank, que andara especulando com papéis argentinos. E por aí afora.

Cada bolha é seguida por uma orgia de recriminações e regulamentações que nunca parecem evitar a reincidência por causa de uma omissão crucial. "Ninguém censurou a credulidade e a avareza das pessoas — a degradante fome do ganho", disse Charles MacKay escrevendo sobre a Bolha South Sea ao tempo da Bolha da Ferrovia. "Nem a vaidade que fez a multidão meter cegamente a cabeça na rede que lhe estendiam os planejadores ardilosos. Essas coisas nunca foram mencionadas."

Nunca são.

Edward Chancellor,
Devil Take the Hindmost:
A History of Financial Speculation,
Macmillan, 2000,
ISBN 330484095

Grandes quebras 2

Wall Street, 1929

▪ *"Nenhum Congresso dos Estados Unidos, reunido para examinar a situação da União, deparou jamais com uma perspectiva tão alvissareira quanto a que ora temos pela frente."*
— Presidente Calvin Coolidge em 1928.
A quebra ocorreu menos de um ano depois.

Quase toda geração acredita que a sua própria situação está mais segura que nunca. Tomem-se, por exemplo, os projetistas do *Titanic* em 1912 ou os planejadores do sistema do US Federal Reserve um ano depois. O "Fed" proporcionava uma perfeita rede de segurança financeira, controlando taxas de juros e suprimentos de dinheiro com a compra e a venda de títulos do governo.

Era a época das linhas de produção de Henry Ford e do temível controle do tempo de execução de Frederick Taylor. A combinação de fábricas modernas com novas teorias sobre o tempo e o movimento havia criado, ao que se supunha, uma nova "ciência" da administração. Era o tempo da produtividade ascendente, dos sindicatos dóceis, de novas tecnologias como o rádio agitando as bolsas, dos cortes nas taxas e nos juros; o mercado parecia irrefreável. Não admira, pois, que o maior economista do mundo, prof. Irving Fischer, acreditasse em 1928 que "os preços das ações alcançaram o que parece ser um patamar permanentemente elevado".

Uma nova e gigantesca atividade vendia ações e competia para lançar outras ainda mais rapidamente no mercado. Cerca de seiscentas agências de corretagem abriram as portas em Wall Street só em 1928 e 1929. Uma nova casa de investimentos funcionou diariamente durante os nove primeiros meses de 1929, oferecendo ao público $2,5 bilhões em seguros — metade dos quais logo se revelaria sem valor algum. "Ninguém poderá examinar o panorama dos negócios e finanças da América nos últimos doze anos sem concluir que estamos vivendo numa nova era", disse John Moody, fundador de uma agência de crédito.

Todos queriam "morder". Havia quartos especiais nos hotéis da Broadway para mulheres endinheiradas que desejavam especular, o que provocava grande desaprovação por parte dos corretores mais tradicionalistas. "Todos devem ser ricos", proclamava o título de um longo ensaio de John Raskob, da General Motors, no *Ladies Home Journal* de agosto de 1929, informando que $10.000 investidos em sua empresa uma década antes valiam agora $1,5 milhão.

Ninguém podia perder. Não havia sequer necessidade de um consultor financeiro, disse Groucho Marx, que adquiriu um quarto de milhão de dólares para jogar na bolsa: "Basta fechar os olhos, apontar para o painel e as ações que você comprou começam imediatamente a subir".

Aquilo era perigoso. As pessoas pediam emprestado para investir, acreditando que o mercado não pararia de crescer. "Empréstimos marginais" usavam quotas de investimentos anteriores como garantia para novos empréstimos — o que se revelou devastador quando a tendência do mercado se inverteu.

A bolsa atingiu o ponto mais elevado no começo de setembro de 1929; e, a partir de outubro, uma série de falências aterradoras enxugou em 83% o valor dos investimentos americanos. A cada falência, as ações que subscreviam os empréstimos das pessoas caíam também, provocando rodadas inexoráveis de compras e bancarrotas repentinas. Groucho Marx, Irving Berlin e Winston Churchill foram alguns dos que perderam uma verdadeira fortuna — e Irving Fisher também.

"Metemo-nos numa enrascada colossal", disse Keynes alguns anos depois, "procurando controlar uma máquina delicada que não sabemos como funciona."

Em 1933, o Congresso americano votou a lei Glass-Steagall, que separava rigorosamente bancos comerciais de bancos de investimento, na tentativa de evitar nova quebra. Mas essa lei foi revogada durante o *boom* da informática nos anos 1990. Ainda não percebemos a importância crítica do tipo correto de regulamentação.

John Kenneth Galbraith,
The Great Crash 1929,
Penguin Books, 1988,
ISBN 0140136096

Grandes quebras 3

Títulos podres

■ *"A questão, senhoras e senhores, é que a cobiça, à falta de palavra melhor, é boa. A cobiça é certa. A cobiça funciona."*
— Gordon Gekko, Wall Street, 1987

A explosão da cobiça em Nova York, Tóquio e Londres durante os anos 1980 resultou, em parte, da política de desregulamentação de Margaret Thatcher e Ronald Reagan, mas — com a evolução do esquema — foram os títulos podres que a transformaram numa verdadeira fornalha.

Um título da dívida é simplesmente a promessa de entregar determinada soma em data marcada como pagamento de um empréstimo. Um título podre é aquele que se considera mais arriscado que a média dos investimentos: o risco é o de que o emitente deixe de pagar. O lado bom é que os títulos podres rendem mais e permitem às empresas sem retaguarda convencional lançarem-se no mercado, inclusive as gigantes contemporâneas MCI, Viacom e Turner Broadcasting. O lado mau é que muitos deles são extremamente arriscados.

"Os títulos envolvem um alto grau de risco", rezava a primeira página de um prospecto de títulos podres dois dias depois da quebra de 1987, "e por isso os compradores podem perder todo o seu investimento."

Isso, contudo, não importava. O primeiro novo título podre foi emitido em 1977 e logo um terço de todos os títulos emitidos era podre. A revolução se deu por cortesia do "rei dos títulos podres", Michael Milken, de Drexel Burnham, em Los Angeles, cuja idéia provocou uma onda de encampações hostis de companhias muito conhecidas, como TWA e RJR Nabisco — dramatizada em um dos livros sobre negócios de mais êxito em todos os tempos, *Barbarians at the Gate*.

O esquema ficou conhecido como Aquisições Alavancadas (*Leveraged Buy-Outs, LBOs*). O que os piratas empresariais fazem é emitir títulos podres em nome da companhia que pretendem encampar, utilizando todo o crédito disponível que a companhia-alvo possua. As empresas que evitaram cuidadosamente endividar-se são as vítimas preferenciais. Depois de tomá-las e vender as partes mais lucrativas, procede-se a uma rigorosa reestruturação para pagar os pesados juros da dívida. Milhares de empregados perdem seus empregos.

A Milken's Drexel Burnham High Yield Conference tornou-se conhecida como o "Baile dos Predadores" porque os convidados mais importantes eram os piratas empresariais que usavam seus títulos podres.

Milken ficou riquíssimo, tendo ao que se diz embolsado $550 milhões só em 1987; mas, então, os promotores federais começaram a investigá-lo. A quebra de 1987 também engoliu cerca de um quarto do valor das companhias de Wall Street da noite para o dia. Milken e outros foram indiciados por um júri federal em 1989: noventa e oito acusações de velhacaria e fraude. Um ano depois ele era sentenciado a dez anos de prisão. Cumpriu dois e está hoje permanentemente banido do mundo dos negócios financeiros. Gasta seu tempo administrando uma rede de casas de caridade e grupos de pesquisa.

Sabedoria do título podre:
"A cupidez é boa, seja lá como for. Você pode ser cúpido e ainda sentir-se bem consigo mesmo."
Ivan Boesky, que ganhou 80% sobre seus investimentos na década de 1980 e acabou na cadeia

James Grant, *The Trouble with Prosperity*, John Wiley, 1998, ISBN 0471984795

Grandes quebras 4

A explosão ponto.com

■ *"Nunca antes tantos jovens despreparados de 24 anos ganharam tanto dinheiro em tão pouco tempo quanto nós, durante esta década, em Nova York e Londres."*
— Michael Lewis em *Liar's Poker*

O fenômeno da bolsa de tecnologia do final dos anos 1990 apresentou todas as características de uma bolha clássica: considerou-se que um desenvolvimento tecnológico refez completamente a economia e que nada seria o mesmo de novo; os cautelosos eram ridicularizados na imprensa. Por um momento, acreditou-se que um *site* como @Home passara a valer de súbito o mesmo que a Lockheed Martin ou que a corretora *online* E*Trade se equiparava à gigante American Airlines.

A pequena AOL chegou a encampar o gigantesco império de comunicações Time Warner — uma das mais desastrosas fusões de todos os tempos. A maioria das ponto.coms desapareceu e a própria E*Trade resolveu abrir seus próprios bancos de tijolo e cimento.

Umas poucas sobreviveram à quebra — Amazon, eBay, Lastminute.com, etc. —, mas o resto se foi. A idéia inteira de investidores se acotovelando para aplicar em negócios mirabolantes, com planos empresariais sem nenhuma possibilidade de render dinheiro, durou apenas alguns anos.

Mas, de novo, os que foram apanhados pela bolha acreditaram que dessa vez tudo seria diferente. "Temos uma resposta geral à palavra 'valorização' em nossos dias: 'especulação' ", disse Mary Meeker, da Morgan Stanley, a chamada Rainha da Internet. "Acreditamos que penetramos numa nova zona de valorização."

Meeker recebeu $15 milhões da Morgan Stanley no grande ano, 1999, para prestar consultoria a investidores. O problema foi que a Muralha da China que deveria separar a consultoria de investimento das outras operações bancárias em Wall Street já ruíra. Outros analistas da bolsa de tecnologia deveriam, ao que se presumia, procurar empresas promissoras, discutir estratégias, escolher novas companhias públicas e — por implicação — oferecer conselhos favoráveis que ajudassem a vender suas ações. Boa parte dos ganhos dos analistas de Wall Street ligava-se aos negócios bancários em que eles estavam envolvidos. O "conselho" já não era "imparcial".

Enquanto isso, boletins anônimos da Internet incentivavam projetos inviáveis de informática e alimentavam o frenesi. Quando o bom senso voltou a prevalecer, essa indústria amargou o equivalente ao escândalo da Bolha dos Mares do Sul, há muito tempo atrás.

Por trás do escândalo do ponto.com estava a história ainda mais característica do desastre ostensivo das telecomunicações. Face à perspectiva de o tráfego de dados dobrar a cada três ou quatro meses indefinidamente, as empresas do ramo em todo o mundo começaram a instalar cabos de fibra óptica o mais rapidamente possível. O trabalho custou cerca de $4.000 bilhões nos últimos cinco anos, dos quais pelo menos a metade em empréstimos (o montante total da economia dos Estados Unidos é de mais ou menos $10.000 bilhões). Os juros crescentes desses empréstimos, bem como as vastas somas pagas no Reino Unido para licenças de celulares de terceira geração, estropiaram as gigantes das telecomunicações, que se viram obrigadas a despedir meio milhão de empregados no mundo inteiro.

As ponto.coms, as telecons e o estranho mundo da contabilidade, que infla os lucros de companhias como a Enron — a qual se declara uma ponto.com —, tornaram a virada do século um dos períodos mais bizarros de Wall Street.

Multas pagas por J P Morgan Chase e Citigroup por sua participação na fraude da Enron — $286 milhões

Gratificações que receberam da Enron nos cinco anos anteriores — $300 milhões

John Cassidy,
Dot.com: The Real Story of Why the Internet Bubble Burst,
Penguin, 2002,
ISBN 0141006668

Grandes quebras 5

Derivativos

■ *"Os derivativos são instrumentos financeiros de destruição em massa."*
— Warren Buffett, o mais bem-sucedido investidor do mundo, *Fortune*, 17 de março de 2003

Bem-vindos ao mundo moderno dos instrumentos financeiros misteriosos e, talvez, até mesmo ao mundo da próxima Grande Quebra. Os derivativos são extremamente complexos e cobrem tudo o que não é tangível: o direito de comprar matéria-prima em data futura a determinado preço ou a subscrição do risco de alguém não pagar a alguém o que deve. Os derivativos não se referem à taxa de crescimento, mas à taxa pela qual o crescimento está crescendo e, também, à taxa pela qual o "segundo" crescimento está crescendo.

Tudo se resume em compensar riscos — pois o que se compra são opções de ações e não as próprias ações —, o que pode ser útil para as empresas. Entretanto, os negócios derivativos que acabam mal podem multiplicar grandemente as perdas, o que é também desastroso.

O primeiro sinal de problema no início dos anos 1990 atingiu a companhia alemã Metallgesellschaft, seguido em rápida sucessão por grandes perdas da Cargill, Procter & Gamble, Daiwa Bank do Japão e Orange County, Califórnia — antes que Nick Leeson apostasse na alta da bolsa japonesa em 1995 e destruísse o Barings Bank, que existia há 225 anos.

Veio em seguida o Long Term Capital Management (LTCM), administrado por brilhantes homens de *marketing*. A idéia era proteger as suas apostas de mão dupla com $3 bilhões que haviam tomado de empréstimo para comprar derivativos no valor abstrato de $1,250 bilhão. Mas a crise da dívida russa em 1998 liquidou com as suas complicadas previsões matemáticas e a firma logo estava perdendo $500 milhões por dia. Temendo pelo sistema bancário mundial, o US Federal Reserve afiançou-a em $3,6 bilhões.

Mesmo assim, em 2001, a impressionante quantia de $44.000 bilhões era investida em derivativos somente na Wall Street, mais da metade no poderoso banco JPMorganChase — incluindo tantas opções em ouro que esse pessoal controlou toda a produção do mundo por dois anos e meio.

Até o Banco da Inglaterra advertia sobre a ameaça à estabilidade financeira global. Colocando em perspectiva os derivativos de JPMorganChase, esclarecemos que as perdas totais nas bolsas do mundo entre 2000 e 2003 foram de $7.000 bilhões. Não admira que o banco se sentisse nervoso.

O risco, todavia, é vago porque os especialistas em derivativos aplicam em fundos secretos — usando esses derivativos para ganhar dinheiro com os abalos do mercado. Eles nunca revelam nada, nem mesmo quem trabalha para eles. Fundos de investimento costumam ser registrados em paraísos fiscais (ver p. 55) no nome dos muitos ricos. Os administradores ganham 1% dos fundos investidos e 20% dos lucros, de sorte que os resultados têm mesmo de ser espetaculares. Hoje os administradores mais famosos, George Soros, Julian Robertson e Barton Biggs, estão cedendo espaço a sucessores ainda mais tenebrosos e incontroláveis.

Alguns deles são também imensamente ambiciosos. Soros ganhou $2 bilhões quando liderou a corrida contra a libra na Quarta-feira Negra de 1992 e fê-la sair do Sistema Monetário Europeu. Parece igualmente provável que houve uma conspiração tácita entre os fundos de investimento durante a crise financeira de 1998, visando o dólar australiano. De fato, alguns administradores informaram o tesouro australiano de que seria inútil resistir.

Mas a conspiração não teria sido ainda maior? Alguns economistas acreditam que a crise de 1997/98 — com pacientes arrancados dos hospitais do Extremo Oriente e atirados à rua porque já não tinham dinheiro — foi, no todo, o resultado de uma conspiração em torno dos fundos que escapou ao controle.

Os derivativos precisam de séria regulamentação antes que seja tarde demais.

Peter Temple,
*Hedge Funds:
The Courtesans of Capital*,
John Wiley, 2001,
ISBN 0471899739

Como acalmar os fluxos de dinheiro

A Taxa Tobin

■ *"O colapso do mercado global seria um acontecimento traumático, de conseqüências inimagináveis. No entanto, acho mais fácil prever isso do que a continuação do regime atual."*
— George Soros, *Soros on Soros*

A instituição financeira acredita que a passagem de vastas somas de dinheiro pelos fios do sistema monetário — $2.000 bilhões por dia, lembremo-nos, na maioria em especulação — torna dinâmico o sistema econômico.

138

Os corretores reagem sem demora aos governos eficientes comprando-lhes a moeda — ao mesmo tempo que punindo os ineficientes.

George Soros e o seu Quantum Fund eram a dupla de investidores mais famosa do mundo nos anos 1990 — até ele se retirar da administração ativa depois de ter reagido mal ao *boom* da informática e perdido uma fortuna. Soros foi um dos primeiros entendidos a advertir o mundo dos perigos da instabilidade inerente ao sistema: os especuladores ganham mais quando o mercado enlouquece do que quando ele se mostra estável.

O problema não se restringe às perigosas interconexões no mercado global (ver p. 44) nem aos computadores programados para vender automaticamente quando a bolsa despenca de súbito.

A teoria inteira é falha, afirma Soros: não tende de modo algum ao equilíbrio, mas agita-se e corre precipitadamente para a direção errada.

Durante a crise de 1998, moeda após moeda do Extremo Oriente entraram em colapso nos mercados — com devastadoras conseqüências para as pessoas, que começaram a se perguntar se não haveria uma alternativa. Ou, pelo menos, um modo de estancar o fluxo de capital. Até Tony Blair começou a falar nas conseqüências da "falta de disciplina" dos mercados.

Eis algumas soluções possíveis:

A solução da Malásia. O primeiro-ministro da Malásia, Mohamed Mahathir, restabeleceu os controles cambiais, impedindo que as pessoas levassem grandes somas de dinheiro para fora do país — situação vigente em quase todo o mundo até 1979. A recuperação da Malásia ocorreu mais depressa que nos países vizinhos.

A solução da Colômbia. Ela permite que estrangeiros invistam em negócios locais, mas não que adquiram débitos ou quotas, pois poderiam vendê-las da noite para o dia...

A solução do Chile. Todo estrangeiro que investir no país terá de manter seu dinheiro ali por um ano — o que detém os especuladores.

A solução Tobin. Idéia do economista James Tobin, ganhador do prêmio Nobel, que sugeriu um pequeno tributo sobre transações cambiais estrangeiras de 0,05%. Isso seria suficiente para acalmar a especulação e, também, levantaria dinheiro bastante para implementar o programa de desenvolvimento sustentável das Nações Unidas.

A taxa Tobin é muito controversa — o próprio Tobin mudou de idéia a seu respeito —, mas foi em diversas épocas apoiada pelos governos do Canadá e da França. Fracassaria se um dos principais centros financeiros permanecesse à margem: todos deveriam participar. Entretanto, se se permitisse aos governos conservar metade do montante levantado, isso seria recompensa suficiente para pô-los em movimento.

Proporção da atividade econômica mundial representada pela especulação estrangeira — 97%

Proporção nos anos 1970 — 30%

Proporção de países que enfrentaram sérias crises financeiras ou bancárias desde 1990 — 25%

www.ceedweb.org

Os novos multibilionários

O mundo de
Bill Gates

■ *"O dinheiro, como o esterco, só é bom quando espalhado."*
– Francis Bacon

Uma peculiaridade do "sucesso" especulativo de anos recentes é que ele só beneficiou a muito poucos. O economista Paul Krugman estima que quase 70% do extraordinário crescimento americano na década de 1980 ficaram nas mãos de 1% dos mais ricos da população. Havia treze bilionários nos Estados Unidos em 1982; em 1999, eles já eram 268. E isso antes da explosão da informática.

Disparidades assim existem entre os povos do mundo como um todo. Os 20% de países mais pobres detêm hoje menos de 1% do comércio global (um quarto do que detinham há uma geração).

Essa riqueza foi motivada, em parte, pelos salários absurdos dos executivos-chefes, independentemente de seus fracassos. O executivo-chefe da Disney, Michael Eisner, recebeu $575 milhões em 1998 — cerca de 25.000 vezes o que, em média, recebe um operário da empresa (e muito mais se levarmos em conta os salários baixíssimos pagos em fábricas de Honduras ou Bangladesh que confeccionam as camisetas e bolsas da Disney).

Entre todos os endinheirados, o mais ultrajante é o fundador da Microsoft, Bill Gates. Quando o Windows 2000 foi lançado, a quota pessoal de Gates na Microsoft valorizou-se em mais de $130 bilhões — ou doze vezes mais que os seguros devidos por toda a população afro-americana.

Os superadministradores também foram recompensados por diminuir os salários dos trabalhadores mais humildes — procurando cada vez mais imigrantes ignaros de seus direitos, motivo pelo qual, mesmo nos Estados Unidos, o ganho médio vem declinando lentamente desde os anos 1960.

A questão é saber se uma democracia pode sobreviver com gigantescas disparidades de riqueza e poder ou se, como diz o economista Jeff Gates, o sistema está "tornando o mundo seguro para a plutocracia".

Por exemplo:
- Três bilhões de pessoas em todo o mundo vivem com menos de $2 por dia.

- As duzentas maiores empresas do mundo respondem por 28% da atividade econômica global, mas empregam menos de 0,25 da força de trabalho mundial.
- As duzentas pessoas mais ricas do mundo – que duplicaram sua renda entre 1994 e 1999 – possuem a mesma porção de riqueza que a renda anual combinada de 2,5 bilhões das pessoas mais pobres.
- Os afro-americanos possuíam 0,5% da renda líquida dos Estados Unidos em 1865, ano em que a escravidão foi abolida. Em 1990, essa renda subiu para apenas 1%.
- Um avião de caça vendido a um país pobre custa o mesmo que a educação de três milhões de crianças no Terceiro Mundo.

Será que alguém no mundo merece realmente ganhar um milhão de libras? Os executivos agora estão recebendo anos extras em suas pensões, como forma de calar críticas a respeito de salários – muitas vezes, enquanto atarefadamente cortam direitos de aposentadoria de empregados (ver p. 102). O secretário do Tesouro americano, John Snow, ganhou dezenove anos extras, durante os quais não trabalhou, de seu ex-empregador, CSX, que embolsou de uma vez o valor de $33 milhões.

Salários de Wall Street

	Pagos em 2002	Mudança no valor comercial em 2002
Steve Jobs (Apple)	$78 milhões	menos 35%
David Cote (Honeywell)	$ 68 milhões	menos 27%
John Chambers (Cisco)	$55 milhões	menos 28%
Pat Russo (Lucent)	$38 milhões	menos 75%

Jeff Gates,
Democracy at Risk: Rescuing
Main Street from Wall Street,
Perseus, 2001,
ISBN 0738204838

Seção VI

Dinheiro de Fabricação Própria

Que fazem bairros e cidades quando atravessados pela super-rodovia do dinheiro global? Bem, para começar, podem criar a sua própria...

Criação de dinheiro

O desafio de fazê-lo você mesmo

■ *"Cingapura e Hong Kong, que hoje são coisas extravagantes, têm sua própria moeda e gozam das vantagens a ela inerentes. Não precisam de subsídios tarifários ou de exportação. A moeda serve a essas funções quando necessário e só enquanto necessário. Detroit, por outro lado, não goza dessas vantagens. Quando seu trabalho exportado começou a declinar, ela nada aprendeu e, por isso, declinou também."*
— Jane Jacobs, *Cities and the Wealth of Nations*, discutindo as vantagens de uma moeda local.

Os bancos criam dinheiro, os governos emitem moeda, as empresas geram ações — então por que não podemos todos criar o dinheiro de que precisamos?

Isso não é coisa que consigamos fazer sozinhos — embora David Bowie tenha chegado a emitir os Títulos Bowie como forma de garantir sua renda futura. Entretanto, quando comunidades, bairros, vilas ou cidades ficam sem dinheiro — que voou para outras freguesias mais lucrativas —, faz sentido que emitam o seu próprio dinheiro.

As moedas nacionais tendem a ser direcionadas para o setor de serviços financeiros — como o dólar e a libra. São sistemas de informação que respondem aos valores considerados importantes por Wall Street e a City de Londres; mas já não circulam tão bem, por exemplo, nas áreas fabris ou nos subúrbios pobres.

Ora, esses lugares marginalizados às vezes têm tudo o de que precisam para seu sucesso: pessoas que querem trabalhar, pessoas que precisam de serviços, matérias-primas que podem ser utilizadas — mas não dispõem de dinheiro para juntar tudo isso. Os bancos não irão criá-lo para elas e os investimentos se escoarão de preferência, *online*, para a City a fim de participar de aplicações em diversos mercados ao mesmo tempo, empresas de informática ou qualquer outro esquema que esteja em voga no momento. Criar seu próprio dinheiro pode ser o salto imaginativo de que tanto necessitam.

A criação de moeda própria tem uma longa e venerável tradição. Foi só no século XII ou XIII que os reis tentaram assumir o controle do dinheiro todo — dando início a uma tremenda série de trapalhadas. Nos Estados Unidos, somente ao final da Guerra Civil é que o governo se arrogou o direito exclusivo de emitir moeda — embora, é claro, os bancos possam fazer o mesmo usando uma assinatura num cheque ou um toque no teclado do computador. Desde então, eis o que se tem usado como dinheiro quando a substância "real" se torna escassa:

Contas e pedras preciosas. Os primeiros colonizadores da América do Norte compraram a ilha de Manhattan aos índios por contas no valor de $24.

Chá. Os chineses utilizavam pacotinhos quadrados de chá. A palavra original em chinês para eles equivale a "dinheiro".

Tabaco, especialmente em tempo de guerra, quando os cigarros costumavam tornar-se moeda universal (os de má qualidade, sobretudo, pois os bons eram fumados).

Papel. Os esforços de Benjamin Franklin na impressora foram uma das muitas causas da Guerra de Independência americana (ver p. 38).

Milhas aéreas. A Northwest Airlines financiou todo o seu orçamento de relações públicas com milhas aéreas ao longo da década de 1990.

Fichas. Os Clubes de Troca da Argentina contam hoje com mais de um milhão de membros. Eles usam fichas como moeda, permitem que as pessoas troquem excedentes, legumes e outros auxílios mútuos.

Estoques vencidos. Cerca de um quinto do comércio mundial é feito hoje com moedas de troca eletrônicas como dólares comerciais (ver p. 167).

Se isso pôde ser feito, por que cidades e comunidades empobrecidas ficam inutilmente à espera de ajuda do governo? Elas sabem que isso não acontecerá e que contam, no local, com que satisfazer às suas necessidades básicas. Elas poderão emitir o seu próprio dinheiro e começar a usar os seus próprios bens com mais eficiência.

Eis o que espécies diferentes de dinheiro fazem: são sistemas de informação que medem o valor de bens locais de outro modo que não o das grandes moedas. Estas não levam em conta jovens, velhos, edifícios dilapidados, parques ou bens locais. Elas não percebem que os computadores, objetos e móveis que jogamos fora em perfeito estado constituem na verdade um patrimônio. Se pudermos criar moedas que os valorizem melhor, eles serão usados.

Esse é o desafio dos especialistas em moeda do tipo "faça você mesmo", que o enfrentam de várias maneiras. Eles sabem que as suas novas moedas precisam lastrear-se em alguma coisa — seja a confiança das pessoas que as usam, a produção local (ver p. 151), a energia renovável produzida localmente ou outra coisa qualquer, do contrário ninguém as utilizará. Sabem também que essas moedas precisam estar dis-

poníveis em quantidade suficiente, para evitar que só os ricos as utilizem. Toda moeda do tipo "faça você mesmo" mistura essas funções — dinheiro livre (meio de troca) e dinheiro real (valor depositado) — de modos diferentes. Eis o que acontece com o dinheiro: ele precisa ser real, mas também estar disponível.

Boa parte do dinheiro atual, porém, não atende a essas funções. Trata-se de dinheiro *Fiat*, criado do nada pelos bancos e que só vale alguma coisa porque os governos afirmam que vale. (*Fiat* vem das palavras "*fiat lux*" do primeiro versículo do Gênesis, "faça-se a luz".) Precisamos de novos tipos de dinheiro, investido de novas maneiras, a fim de colocar em primeiro lugar os habitantes locais e as pequenas empresas. Você não ficará rico inventando o seu próprio dinheiro — embora algumas moedas *online*, como "beenz" e "i-points", tenham transformado os seus criadores, por certo tempo, em multimilionários no papel. Esse dinheiro, porém, talvez faça a engrenagem emperrada da economia local girar novamente e consiga atribuir valores novos ao sistema monetário, que ele hoje obviamente não tem.

Thomas Greco, *Money: Understanding and Creating Alternatives to Legal Tender*, Chelsea Green, 2000, ISBN 1890132373

O dinheiro que enferruja

Os "Stamp Scrips" de Irving Fisher

■ *"A finalidade do Dinheiro Livre é romper com o injusto privilégio gozado pelo dinheiro. Esse privilégio deve-se unicamente ao fato de que o tipo tradicional do dinheiro tem imensa vantagem sobre qualquer outro bem: ele é indestrutível."*
— Silvio Gesell, corretor argentino e idealizador do dinheiro que enferruja.

Sempre será mais fácil fazer dinheiro com dinheiro do que empregá-lo em atividades produtivas, disse o corretor argentino Silvio Gesell em 1913. É que o dinheiro aumenta quando investido, ao passo que os bens reais tendem a deteriorar-se.

A resposta, disse ele, é ter dinheiro que também se deteriora. A idéia foi perfilhada com entusiasmo durante a Grande Depressão, principalmente na cidade alpina de Wörgl, na Áustria. Por ter atraído a atenção do grande economista americano Irving Fisher, o dinheiro que enferruja foi adotado em todo o mundo antes de ser declarado ilegal pelos bancos centrais, temerosos dessa ameaça à sua autoridade.

Como resultado, apenas um dos grandes experimentos monetários dos anos 1930 ainda funciona: o sistema Wir na Suíça, de crédito mútuo, amplamente utilizado pela indústria da construção e pelo setor de restaurantes. O Wir começou em 1934 por obra de Werner Zimmerman e Paul Enz, dois discípulos de Gesell. Em 1933, amealhava 12 bilhões de libras e tinha 65.000 empresas-membros, usando uma moeda paralela ao franco suíço.

Wörgl achava-se em péssimo estado durante a Grande Depressão quando o prefeito Michael Unterguggenberger persuadiu a cidade a emitir o seu próprio dinheiro no valor de 30.000 xelins austríacos, conhecido como "bilhete por serviço prestado". Mas, ao contrário do dinheiro comum, essas notas se desvalorizavam em 1% mensalmente e, para conservar o valor — quando não eram gastas — era preciso adquirir selos correspondentes e colá-los no verso, todos os meses. O esquema dos selos aliviou muito os pobres.

As notas passaram a circular com incrível rapidez. Vinte e quatro horas depois da emissão, muitas delas não só haviam voltado — via compras e negócios — à municipalidade sob a forma de pagamento de impostos, como regressavam à circulação. No primeiro mês, o dinheiro percorrera o ciclo completo nada menos de vinte vezes. Passados quatro meses, a cidade realizara obras públicas no valor de 100.000 xelins, contratando desempregados, e pagara muitas de suas contas atrasadas.

Fisher foi inspirado pelo que observou na Áustria e apressou-se a publicar seus próprios manuais de instrução, chamados "Stamp Scrips", para as cidades americanas às voltas com dificuldades. Decorridos poucos meses, cerca de trezentas comunidades dos Estados Unidos estavam imprimindo o seu próprio dinheiro depreciável.

Então, em 4 de março de 1933, tudo acabou. O presidente Roosevelt, informado de que o sistema monetário corria perigo, baniu os sistemas alternativos e deu aos já existentes prazo para sair de cena.

Ao fazer isso, criou também condições para um surto final de atividade. Temendo o colapso total do sistema bancário americano, ele fechou todos os bancos — e, por todo o país, comunidades e empresas tiveram de criar algum tipo de alternativa ao dinheiro. "Não me importa o tipo — prata, cobre, bronze, ouro ou papel", disse um senador de Oklahoma. Houve mesmo uma comunidade em Tenino, Estado de Washington, que fabricou seu próprio dinheiro em madeira.

Mas Roosevelt, que naquele mesmo dia declarara pomposamente: "Nada temos a temer exceto o medo", precisava aquietar os receios de seus banqueiros e economistas envolvidos com o "dinheiro sólido". Em conseqüência, o dinheiro local desapareceu por duas ou três gerações. De novo, a velocidade do dinheiro é que chamou a atenção de Fisher. Se o governo americano não conseguia persuadir os banqueiros a emprestar a poupança do povo, então se poderia criar dinheiro local que permanecesse circulando e não desaparecesse nos bancos dos ricaços. Esse dinheiro local seria como sangue nas veias. E enquanto ele desaparecia em um dos lados do Atlântico, o Banco Nacional Austríaco tomava medidas para suprimir também o experimento de Wörgl. Quatro anos depois, a Áustria era anexada pela Alemanha nazista.

Hoje, colar selos já não é necessário porque os computadores fazem os cálculos necessários. O dinheiro alternativo talvez não proporcione a estabilidade do dinheiro real — o dinheiro de que as pessoas precisam para poupar —, mas pode muito bem servir de moeda de troca. Ainda temos algo a aprender de Gesell, Fisher e Unterguggenberger.

Richard Douthwaite, *Short Circuit: Strenghthening Local Economies for Security in an Unstable World*, Green Books, 1996, ISBN 1870098641

Dinheiro real

É preciso mantê-lo constante

■ *"Pois em todos os países do mundo, creio eu, a avareza e a injustiça dos príncipes, bem como a de Estados soberanos que abusam da confiança de seus súditos, foram aos poucos diminuindo a qualidade real do metal que, originalmente, estava contido em suas moedas."*
— Adam Smith

As pessoas se interessam por criar o seu próprio dinheiro em tempos de dificuldade econômica. Quando essa dificuldade é a falta de dinheiro em circulação, elas aspiram a uma moeda mais acessível. Mas quando o problema é a espiral inflacionária, procuram algo mais confiável.

Um dos experimentos mais fascinantes na criação de dinheiro durante os anos 1970 levou em conta uma moeda inflacionada e foi obra de Ralph Borsodi — então na quadra dos 80 e um dos fundadores do movimento verde. Borsodi advertira contra a inflação há um bom quarto de século antes de ela se tornar um problema (o único *bestseller* que escreveu chamou-se *A Inflação Está Chegando*) e predissera o despovoamento, no pós-guerra, de cidades de ambos os lados do Atlântico. Trabalhou também com Irving Fisher à época da Depressão e ajudou-o a desenvolver seu "Stamp Scrip" (ver p. 147).

Nos anos 1970, indignado com a inflação que grassava no mundo e que ele considerava uma fraude dos governos contra o povo, ficou fascinado pela possibilidade de inventar um novo tipo de dinheiro capaz de preservar o seu valor por basear-se em algo real. Enquanto almoçava em Escondido, Califór-

nia, em 1972, apanhou um exemplar do *New York Times* e leu que o Federal Reserve estava desvalorizando o dólar. Num assomo de ira, assentou-se e esboçou o que chamou de "sistema monetário honesto".

Ainda naquele ano, ele lançou a moeda "constante" em sua cidade natal de Exeter, New Hampshire. A "constante" era revolucionária porque o seu valor estava ligado a uma cesta de produtos e a $100.000 do próprio bolso de Borsodi, depositados em bancos de Exeter, Boston e Londres.

Os problemas de Borsodi eram: como escolher os itens da cesta, como adquiri-los para lastro e como estocá-los. Não se pode guardar $100.000 em petróleo e trigo numa garagem, muito menos num banco. Ele optou, pois, pela arbitragem de câmbio e organizou uma equipe de auxiliares encarregados de adquirir as mercadorias escolhidas ainda a bordo de cargueiros em pleno mar, a serem prontamente vendidas — com lucro.

Em fevereiro de 1973, a University of New Hampshire Press imprimia 275.000 "constantes" com diferentes denominações até 100. A câmara municipal de Exeter começou mesmo a aceitá-las como pagamento de tarifa de estacionamento. Os amigos economistas de Borsodi, na universidade, tentavam entrementes descobrir uma maneira de preservar-lhes o valor, enquanto jovens voluntários se encarregavam da divulgação. Perplexos, os habitantes se indagavam por que suas constantes valiam $2 numa semana e $2,05 na seguinte.

Tendo provado que um valor constante é possível e que o povo se dispõe a utilizá-lo, Borsodi encerrou o experimento. Este nunca mais se repetiu. A grande decepção de Borsodi foi que não conseguiu irritar o Federal Reserve. Os funcionários não se importaram: "Podem pôr em circulação conchas e figas", disseram à imprensa, "desde que as pessoas as aceitem." As coisas mudaram. Decorridas três décadas, ainda é legal emitir moeda própria — mas agora há normas para isso.

David Boyle, *Funny Money: In Search of Alternative Cash*, HarperCollins/Flamingo, 1999, ISBN 0002559471

Legumes como dinheiro

Imprima o seu

■ *"Acho que a única solução é imprimir nosso próprio dinheiro."*
— Frank Tortoriello, dono de restaurante, Great Barrington, Massachusetts

Frank Tortoriello era proprietário de um pequeno restaurante na cidade de Great Barrington, Massachusetts, quando viu recusado um empréstimo bancário de $5.000 para ampliar o seu negócio. Consultou então a E. F. Schumacher Society, com sede nas vizinhanças, e ouviu que deveria emitir seu próprio dinheiro.

O resultado foram os dólares-restaurante, uma série de notas desenhadas por um artista local e gravadas com a expressão "resgatáveis por refeições de até dez dólares". Tortoriello não poderia resgatar todas as notas ao mesmo tempo logo depois da emissão, por isso escalonou o pagamento em um ano, colocando uma "data válida" posterior em cada cédula. Para desencorajar a falsificação, assinou cada nota individualmente, como um cheque, e vendeu-a por $8. Em um mês, levantou $5.000.

As notas foram um enorme sucesso. Construtores compraram pacotes para dar às suas turmas como presente de Natal, pais de alunos da faculdade próxima sabiam que elas agradariam a seus filhos. Até os banqueiros que haviam recusado empréstimo a Tortoriello apoiaram-no adquirindo-as. As notas apareceram na bacia de coleta da Primeira Igreja Congregacional porque os fiéis sabiam que o ministro tomava o seu café-da-manhã no restaurante. Frank pagou o empréstimo, não com dólares, mas com sanduíches. Essa era uma idéia do grande reformador social Bob Swann, um carpinteiro que passou dois anos na prisão por opor-se à Segunda Guerra Mundial, boa parte dos quais na solitária porque se recusava a aceitar as normas racistas do presídio. Durante esse tempo, sofreu a influência de um adepto de Gandhi e come-

çou a refletir maduramente sobre o dinheiro. Graças a seu incentivo, a idéia do dólar-restaurante se disseminou.

Dois fazendeiros locais resolveram emitir "verdinhas" a fim de se recuperar de um incêndio e atender aos altos custos de aquecer suas estufas ao longo do inverno. Os consumidores comprariam as notas no outono e receberiam em paga plantas e legumes na primavera e verão. O resultado foi a Farm Preserve Note. Ela trazia no centro o desenho de um repolho rodeado por vários outros legumes. Nas cédulas, lia-se: "Confiamos nas fazendas" (*"In Farms We Trust"*). Foram vendidas, cada uma, por $9.

As "notas de preservação das fazendas", as notas Monterey e as notas Kintaro que se seguiram deram aos habitantes a possibilidade de escolher o tipo de negócio pequeno e independente que ajudam a edificar uma economia local mais autoconfiante.

Swann queria lastrear o valor do dinheiro — mas também torná-lo mais acessível fundamentando esse valor em produtos locais universalmente disponíveis como energia localmente produzida, galinhas ou lenha. Sim, eis a verdade: temos na nossa comunidade esses bens e podemos usá-los para levantar dinheiro. Não somos tão pobres e dependentes quanto pensamos.

www.schumachersociety.org

Dinheiro de fabricação própria 1

LETS

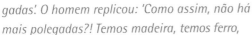

■ *"Um dia depois da Depressão um homem apareceu para construir uma casa e ouviu do mestre-de-obras: 'Sinto muito, o senhor não poderá trabalhar hoje. Não há mais polegadas.' O homem replicou: 'Como assim, não há mais polegadas?! Temos madeira, temos ferro, temos até trenas.' E o mestre-de-obras pontificou: 'O problema é que o senhor não entende patavina de negócios. Não há mais polegadas. Usamo-las demais e agora já não temos o bastante.'"*
— Alan Watts, *Of Time and Eternity*

Um dos paradoxos do dinheiro é que ele vai se tornando cada vez mais pontinhos luminosos de informação numa tela (ver p. 52): apenas um sistema de medidas que fingimos ser também de valores. Daí algumas de suas peculiaridades. Dizer que não há dinheiro suficiente é o mesmo que dizer que não há polegadas suficientes, afirmou o criador do LETS, Michael Linton, recorrendo a um exemplo do filósofo Alan Watts.

Com efeito, quando pensamos a respeito, parece loucura. Você poderá ter quem faça o trabalho, a matéria-prima para o serviço e a encomenda — mas nenhum dinheiro para juntar todas essas coisas. Em 1848, o radical Pierre-Joseph Proudhon lançou um Banco do Povo que, embora varrido pelas revoluções daquele ano, permitia que o dinheiro fosse criado automaticamente por esse tipo de situação. O comprador simplesmente estabeleceria seu débito, denominá-lo-ia — não em libras nem em euros, mas em alguma moeda combinada — e pagá-lo-ia mais tarde com trabalho.

Era essa a idéia que estava por trás da explosão de moedas locais nos anos 1980, a começar por projetos como o Community Exchange de David Weston, em Vancouver, e o Local Exchange and Trading System (LETS) de Michael Linton, em Comox Valley, Canadá. A idéia não é simplesmente aumentar o meio de troca, mas também melhorar a qualidade, e não apenas a quantidade, da economia.

Weston era reformador social e acadêmico; Linton, professor do Alexander Technique. O LETS logo se espalhou pelo mundo de língua inglesa na década de 1980 e no de língua francesa na de 1990, mas começou como um sistema monetário de crédito mútuo chamado "dólares verdes". Pessoas e empresas decidem a taxa e as condições de aceitação da moeda da comunidade em lugar da nor-

mal, que podem negociar com os consumidores. Podemos necessitar de moeda normal para pagar taxas e materiais comprados fora da economia local, mas também utilizar outros tipos de dinheiro para outros aspectos da compra. Portanto, emitimos o nosso próprio dinheiro em dólares verdes e, assim fazendo, "comprometemo-nos" a honrá-lo, resgatá-lo, cumprir a nossa promessa.

As transações são rastreadas, normalmente, utilizando-se um programa de computador. No Reino Unido, onde o LETS espalhou-se para quase quatrocentos esquemas nos anos 1990, alguns nomes estranhos e joviais foram-lhes dados — "tijolos" em Brixton ou "bobinas" em Manchester —, o que não contou com a aprovação dos criadores da idéia no Canadá.

Os primeiros LETS de Linton apareceram em 1983 e, em dois anos, já haviam acumulado o equivalente a $300.000 em transações de "dólares verdes", inclusive produtos agrícolas, aluguéis e despesas com dentista. O que mais atrai nos LETS é sua simplicidade. Eles nunca chamaram a atenção de funcionários e legisladores, para quem afinal não passam de um tipo de "banco". Também não havia problema quanto ao montante a ser emitido. Os débitos e créditos do sistema quase sempre se equiparavam perfeitamente: quando você compra com LETS, gera um crédito que poderá ser usado por outrem. Os LETS podem ser taxados, como os dólares comerciais de troca, mas os governos em geral se mostram confusos quanto ao tratamento a lhes dar para fins de bem-estar social. A Nova Zelândia e a Holanda estão entre alguns dos países que legislaram encorajando desempregados a utilizar moeda local. Cidades britânicas como Liverpool e Sheffield fizeram experimentos com os LETS para estimular o senso de solidariedade nas comunidades carentes.

O problema do dinheiro moderno é o fato de ser emitido por "eles" — bancos regulamentados por bancos centrais — e não por "nós". Moedas locais significam que comunidades, cidades ou regiões podem fabricar as suas próprias moedas segundo suas necessidades — dinheiro que não viaje pelo mundo transformado em informação, à cata de maiores lucros, mas permaneça circulando no local. "Temos os materiais, as ferramentas, o espaço, o tempo, as habilidades e a intenção de construir — mas não temos polegadas hoje", escreveu Linton em seu *Open Money Manifesto* (www.openmoney.org). "Por que ficar sem polegadas? Por que ficar sem dinheiro?"

Jonathan Croall, *LETS Act Locally: The Growth of Local Exchange Trading Systems*, Calouste Gulbenkian Foundation, 1997, ISBN 0903319810

Dinheiro de fabricação própria 2

O estilo comunidade

■ *"Qualquer comunidade, rede ou empresa pode criar o seu próprio dinheiro livre (free) — 'livre' como em livre expressão, radicais livres*

ou livre acesso, mas não como em 'almoço grátis' (free lunch)."
— Michael Linton e Ernie Yacub,
Open Money Manifesto

Imagine um mundo em que todos tenham, não apenas um endereço eletrônico, mas também um endereço de moeda comunitária que poderá usar para criar dinheiro no tipo de moeda que quiser — moeda-aldeia, moeda-babá, moeda-cidade ou regional e moeda-encanador internacional, por exemplo. Essas moedas podem adequar-se a diversos aspectos da vida.

O sistema, que já existe na Internet e é espantosamente simples, foi montado pelo criador dos LETS, Michael Linton, o qual passou as duas últimas décadas excogitando um sistema monetário que simplesmente atendesse às necessidades das pessoas sem forçá-las a pedir dinheiro emprestado num banco. Está aí implícita uma idéia toda nova sobre como as comunidades podem abastecer-se do dinheiro necessário; ela é patrocinada pelas empresas — mas não lhes custa nada.

Trata-se do chamado "estilo comunidade" e está em operação na costa oeste do Canadá. A idéia é mais ou menos assim:

- Empresas locais criam a moeda eletrônica local na forma de doações a instituições de caridade (sem custo para elas, pois trata-se de dinheiro local, embora devam arcar com o equipamento eletrônico).
- Em seguida, as instituições vendem esses pontos eletrônicos para doadores locais em troca de libras ou dólares.
- Depois, eles utilizam o dinheiro local para comprar o que querem — todos os participantes concordam em aceitá-lo em seus próprios termos, talvez 20, 50 ou mesmo 80% do preço normal, para garantir que os seus custos básicos de caixa (inclusive impostos) sejam cobertos por moeda nacional.
- O dinheiro continua circulando até voltar às mãos de quem o emitiu, que é logo incentivado a gastá-lo ou doá-lo novamente, mantendo assim o circuito em movimento.

Isso parece mágica, mas não é. As empresas aceitam dinheiro local para atrair mais consumidores; e ele ajuda os consumidores a economizar no orçamento. Todos ganham porque as empresas da comunidade desempenham o mesmo papel que os bancos — criam dinheiro do nada —, ao passo que o dinheiro local mantém o sangue da comunidade fluindo.

Há planos para experimentar a idéia em cidades grandes com o uso de cartões de crédito, telefones, Internet e registradoras, que tornam um pouco mais fáceis as necessárias transações monetárias duplas.

O "estilo comunidade" é uma resposta engenhosa ao fato de certas comunidades estarem com falta de dinheiro — resposta que já funcionou.

- *Na Irlanda rural.* A moeda "roma" (Roscommon Mayo) baseou-se num experimento da UE. As notas foram lançadas na economia local por uma estação de rádio da comunidade. Passaram então a circular e a ser resgatadas em paga de publicidade.
- *Em Minneapolis.* O projeto Commonweal desenvolveu um cartão de crédito de pista dupla, com dólares e créditos de tempo adquiridos com ajuda à comunidade. Eram aceitos como pagamento parcial por bens e serviços nas grandes lojas americanas fora de Minneapolis.

A característica do Commonweal, explicou seu inventor Joel Hodroff, era que a economia normal se mostrava infinitamente produtiva. Assim, tornava-se possível tomar pontos como créditos de serviços de babá e atribuir-lhes valor de compra na economia principal. Restaurantes que se esforçavam para cobrir os seus custos aos domingos podiam atrair novos fregueses aceitando pagamento parcial em créditos ao mesmo tempo que cobriam os seus custos em dólares.

Em conjunto, essas idéias e o estilo comunidade propiciam as bases para um novo mundo de moedas múltiplas — usando-se diferentes sistemas de crédito para lastrear aspectos diferentes de nossa vida.

www.openmoney.org

Dinheiro de fabricação própria 3

Horas

■ *"Horas são dinheiro delimitado de modo a permanecer na nossa comunidade. Ele não aparece na cidade só para dar alguns apertos de mão e sair pelo mundo afora, mas estimula o comércio local."*
— Paul Glover, fundador das horas Ithaca

O tipo de dinheiro de fabricação própria que você imaginar irá depender do problema específico que enfrenta. E um dos problemas principais que envolvem o dinheiro moderno em cidades como Ithaca, ao norte do Estado de Nova York, é que ele não permanece no local.

Há uma geração, o dinheiro ganho numa comunidade ficava circulando por ali como sangue (ver p. 50) e, toda vez que era gasto nas lojinhas, movimentava-se fomentando riqueza e fluxo de caixa a cada troca. Hoje, muitas vezes, ele escapa de novo — para as mãos de grandes acionistas e grandes varejistas —, paralisando as pequenas cidades. Não bastasse isso, o planeta se aquece ainda mais graças aos caminhões que transportam produtos agrícolas pelo país. Mas Ithaca, no norte do Estado de Nova York, tinha Paul Glover, que se interessou por dinheiro quando trabalhava num plano radical destinado a melhorar o fluxo de energia na região de Los Angeles. Ele idealizou a moeda "horas de Ithaca" quando ouviu a história dos dólares-restaurante (ver p. 151) no rádio.

A sua moeda funciona assim. São notas impressas com denominações de 1 hora, 2 horas, meia hora, um quarto de hora e um oitavo de hora (a hora vale $10), que entram na economia todos os meses de três maneiras:

• Como pagamento das pessoas que anunciam no *Ithaca Money*, um tablóide bimensal que traz a lista das principais empresas e serviços dispostos a aceitar horas — em paga de seu patrocínio público e por manterem a sua escrituração em dia.

• Como doação a instituições de caridade locais e grupos sem fins lucrativos: 9,5% da emissão mensal dependem da decisão do "Barter Potluck" — reunião de todos os interessados no 15º dia de cada mês.

• Como empréstimos sem juros a pessoas e empresas locais. O maior empréstimo do mundo em moeda local — equivalente a $30.000 — foi feito recentemente em "horas Ithaca" para ajudar o sindicato de crédito local a construir novas instalações.

As "horas Ithaca" foram lançadas em 1991 com a inscrição parodiada "Nós Confiamos em Ithaca" e tornaram-se logo um sucesso. Hoje, elas são aceitas por mais de trezentas firmas da cidade, garantidas pelo prefeito e pela câmara de comércio, e bem-vindas até em alguns bancos.

Glover acreditava que uma moeda local, utilizável apenas num raio de 30 km de Ithaca, poderia estancar o fluxo. No que diz respeito ao centro sobrevivente da cidade e ao próspero mercado agrícola, ele parece ter acertado. As "horas" conseguiram:

• Dar vantagens de mercado às empresas locais que as aceitaram.

• Propiciar mais renda às pessoas que viviam à margem da economia.

• Substituir por produtos e serviços locais os que vinham de fora.

• Tornar a economia local mais sustentável, diversificada e apta a sobreviver à inflação ou à recessão.

Glover procura manter contato pessoal com o maior número possível de usuários, para certificar-se de que a moeda não se concentre em nenhum ponto do sistema — e, caso isso aconteça, sugerir onde ela pode ser gasta. Não é fácil lançar moeda própria e determinar o montante que deve entrar em circulação em dado período sem gerar inflação equivalente. Mais de oitenta cidades da América do Norte tentaram a mesma coisa com grau variado de sucesso.

Mas ainda que nem todas tenham revitalizado a economia local — fazendo melhor uso dos recursos da comunidade e ajudando seus fazendeiros a entrar no mercado local —, as outras "horas" deram mais colorido à vida das cidadezinhas.

www.ithacahours.org

Dinheiro de fabricação própria 4

Bancos de tempo e dólares de tempo

■ *"A economia de mercado valoriza o que é escasso — não o trabalho real da sociedade, que consiste em zelar, amar e ser cidadão, vizinho e ser humano. Esse trabalho, espero eu, nunca será escasso o suficiente para valorizar-se no mercado, de modo que precisamos encontrar meios de recompensá-lo."*
— Edgar Cahn sobre a idéia que preside aos dólares de tempo

O inovador professor de Direito Edgar Cahn preocupava-se com o sistema monetário porque este só valoriza o que pode ser comprado e vendido. Semelhante aspecto não raro prejudica comunidades e famílias, fazendo esquecer e desaparecer aquelas práticas humanas essenciais em que confiamos: socializar os jovens, cuidar dos idosos e manter as ruas seguras (ver p. 79).

Mas ele tem a solução: a chamada "co-produção", que estabelece uma série de relações recíprocas entre profissionais, serviços públicos e clientes mediante uma moeda eletrônica isenta de taxas chamada dólar de tempo ou crédito de tempo, operada por "bancos de tempo". As pessoas ganham tempo ajudando os seus vizinhos e gastam tempo quando elas próprias precisam de ajuda.

Cahn elaborou a idéia durante um prolongado internamento num hospital, depois de um ataque cardíaco em 1980 — para não se sentir imprestável ali — e persuadiu uma fundação de saúde a lançar seis esquemas experimentais nos Estados Unidos em 1987.

Existem hoje mais de cem bancos de tempo no Reino Unido e muitos mais no Japão, na China, nos Estados Unidos, na Espanha, etc. O resultado é uma moeda paralela, mais um meio de troca do que uma reserva de valor, que procura fazer com que a vizinhança funcione melhor — reaproximando pessoas, valorizando quem está fora do mercado e restaurando a confiança. Ela reconhece que quase todo mundo possui algo de que a comunidade necessita — mesmo que seja uma palavra amiga por telefone.

Profissionais como médicos, professores ou policiais não logram sucesso sem o envolvimento ativo da comunidade, disse Cahn, e os bancos de tempo propiciam um meio de redefinir o trabalho para que ele inclua todas estas tarefas vitais, mas não-comercializáveis: cuidar dos idosos, dos convalescentes, etc., e avaliar e recompensar esses esforços. Eis aí uma moeda verdadeiramente radical.

Os bancos de tempo são uma solução para a nossa assistência social burocrática e emperrada, com os seus profissionais cada

vez mais exaustos lidando com clientes cada vez mais desapercebidos — dos quais nada se pede. Esses bancos garantem que ambos os lados trabalhem juntos para que a assistência, os serviços de saúde, a educação e tudo o mais funcionem de fato. Significam que também os clientes podem "ganhar" créditos ministrando aulas de esporte, computação e por aí afora. Eles criam uma relação de reciprocidade que torna os beneficiários da assistência parceiros iguais, merecedores de ganhos por fazer um trabalho de que a sociedade precisa.

Há serviços urgentes que precisam ser executados na sociedade — alguns muito simples, como solidarizar-se com outras pessoas. Não temos dinheiro para pagá-los, mas temos gente capaz de fazê-los — e essa gente merece ser recompensada para que possa atender às necessidades básicas da vida.

Os bancos de tempo atribuem responsabilidades a pessoas tidas como "problemáticas" ou inúteis. Com isso, transformam as suas vidas. Adolescentes de Washington juntam dólares de tempo para comprar computadores reciclados. Nessa mesma cidade, prisioneiros fazem jus a eles mantendo-se em contato com os seus filhos. Pessoas deprimidas ganham esses dólares assistindo idosos. Eis alguns projetos inovadores:

Cidades. Redes de bancos de tempo estão surgindo em cidades como Londres (27) e St. Louis (11), onde conectam projetos de várias maneiras, para que uns apóiem os outros (St. Louis ligou-os ao sistema de saúde, de sorte que se pode pagar receitas médicas com tempo).

Escolas. Cerca de 55 escolas dinâmicas em Chicago, Albany e Londres (East End) foram pioneiras nesse campo, pagando créditos de tempo a alunos dispostos a atuar como monitores, créditos que eles juntam para adquirir computadores reciclados. O desempenho acadêmico melhora e a agressividade diminui.

Clubes estudantis. Crianças na cidade eslovaca de Zilina organizaram a sua própria rede de seis bancos de tempo e entregam-se a atividades estimulantes em seu clube, depois das aulas.

Moradia. Moradores de um complexo residencial público em Baltimore recebem parte de sua renda em tempo.

Direito. Em Maryland e na Califórnia, pessoas podem pagar serviços jurídicos com tempo, às vezes participando de manifestações de protesto na frente dos escritórios de maus empregadores.

Prisões. Ex-presidiárias de San Diego pagam serviços médicos pós-parto com tempo, ganho em resultado de prestação de cuidados mútuos.

Saúde. Centros médicos e empresas de seguros de saúde estão pagando créditos de tempo a pacientes dispostos a prestar serviços aos vizinhos e mesmo — em Catford — a realizar tarefas por conta própria. Pesquisas no Brooklyn mostram que pessoas que ganham tempo tendem a ser mais saudáveis.

É preciso dinheiro para montar bancos de tempo — eles precisam de coordenadores —, mas os resultados chegam a ser impressionantes. Esse recurso pode complementar orçamentos e pensões. Uma rede de hospitais em Richmond, Virgínia, cortou os custos do tratamento de pacientes asmáticos em mais de 70% em dois anos, pagando-os com tempo para cuidarem de outros asmáticos: eles zelavam para que os outros tomassem os seus remédios pontualmente e asseguravam-se de que conseguiam distinguir os sinais prévios de uma crise, sabendo o que fazer em seguida. E não apenas os seus próprios sintomas se reduziram em conseqüência do senso de realização como o número de asmáticos internados às pressas diminuiu consideravelmente.

Esses bancos entrosam pessoas e recuperam a confiança. Podem também ser muito importantes nos próximos anos, quando os planejadores terão de se esforçar desesperadamente para revitalizar comunidades.

Edgar Cahn,
*No More Throwaway People:
The Co-production Imperative*,
Essential Books, 2000,
ISBN 1893520021

Dinheiro verde

Moedas que nos tornam sustentáveis

■ *"A noção de moedas de múltiplos alvos inaugura um novo modo de pensar a economia."*
— Edward de Bono, *The IBM Dollar*

Um total impressionante de três trilhões de milhas emitidas pelas companhias aéreas nos últimos dez anos ainda não foi gasto. Se algum dos seus executivos duvidava de que milhas aéreas eram um tipo de dinheiro, os contadores se apressavam a provar-lhe que eram.

Mas, é claro, quotas de lealdade podem ser mais sutis que o dinheiro comum. Elas são um sistema de informação que utiliza a capacidade ociosa para induzir as pessoas a agir de determinada maneira — e isso é tão importante para as cidades quanto para as empresas.

Considere-se, por exemplo, o extraordinário sucesso da cidade brasileira de Curitiba, que emitiu quotas para os habitantes interessados em reciclar seu lixo, entusiasticamente coletado por meninos de rua. As quotas podiam ser gastas fora dos horários de pico dos ônibus. Resultado: Curitiba é a cidade mais limpa da América Latina e isso vem sendo pago pela capacidade ociosa do transporte público.

Roterdã lançou um projeto ainda mais ambicioso, patrocinado pelo Rabobank e pelos departamentos de transporte e limpeza da prefeitura. São pagas quotas eletrônicas em cartão magnético para recompensar o comportamento ecológico — desde compra de produtos com selo ecológico até reciclagem. Se você comprar alimento orgânico e produtos de investimento ético, como bicicletas, ou separar o seu lixo e levá-lo para as usinas de reciclagem, ganhará quotas em seu cartão Nu-SpaarPas.

Pode-se gastar as quotas em transporte público — como em Curitiba — ou em entradas de teatro, jogos esportivos, zoológico, em educação e até em turismo ecológico.

Essa idéia é semelhante à que inspirou os bancos de tempo (ver p. 160). Um bom tratamento dispensado aos vizinhos e o "comportamento verde" consomem tempo extra, mas ninguém repara, ninguém recompensa e ninguém agradece. O Nu-SpaarPas significa que você pode premiá-los com a capacidade ociosa da cidade — em teatros, centros esportivos ou trens. Assim, você será "eficiente" de um modo não previsto pela contabilidade do dinheiro comum.

As quotas de lealdade talvez não mudem o mundo, mas podem abrir caminhos importantes para a sustentabilidade, recompensando quem compra eticamente, localmente e de maneira sustentável. Os puristas econômicos sem dúvida não apreciarão isso, pois complica os balanços; às vezes, objetam à idéia de novos tipos de dinheiro. Os puristas ambientais provavelmente não gostam porque as pessoas, de qualquer maneira, deveriam agir assim. Mas Roterdã tornou-se, sem dúvida, um lugar melhor para se viver.

www.nuspaarpas.n

Quotas domésticas comercializáveis

O dinheiro do efeito estufa

■ *"O dinheiro deveria circular como água da chuva."*
— Thornton Wilder

Quando o efeito estufa suscitou a idéia de autorizações comercializáveis de emissão de carbono — hoje no âmago das intermináveis negociações internacionais sobre mudança climática e quantidade de combustível fóssil que cada nação tem o direito de queimar —, surgiu uma nova base possível para o dinheiro.

Imagine-se, disse o analista de política David Fleming, que essas autorizações de emissão não sejam creditadas unicamente às nações nem só por elas comercializadas, mas destinem-se a todos os indivíduos e empresas comuns — como os cupons de racionamento em tempo de guerra. De fato, foram as suas experiências infantis com o racionamento de doces que lhe deram a idéia de que autorizações e cupons poderiam ser armazenados em cartões magnéticos pessoais e gastos ou comercializados tal como o fazem as nações.

A idéia das "quotas domésticas comercializáveis" (*"domestic tradable quotas, DTQs*) foi introduzida num artigo de *Country Life* em 1996 e imediatamente chamou a atenção da Comissão Européia — para depois ser desenvolvida por Richard Starkey, da Universidade de Huddersfield. Elas poderão, afinal, proporcionar uma espécie de renda básica para todas as pessoas, como é de direito (ver p. 110).

As DTQs constituem um meio de envolver a todos nós na tarefa de reduzir as emissões de carbono. E caso o leitor não acredite que uma coisa tão vaga proporcione a base para algo que pode ser comprado e vendido, saiba que já está acontecendo — e não apenas na bolsa de Chicago, pioneira no comércio de carbono. Produtores de energia limpa na Europa continental estão vendendo a característica "verde" a fornecedores de eletricidade do Reino Unido que querem distribuir esse tipo de energia, mas não possuem ainda moinhos suficientes para produzi-la.

A idéia DTQ funciona assim:

- O Reino Unido estabelece seu "orçamento" anual de carbono nos termos de negociações internacionais (ele será reduzido com o tempo).
- As "unidades de carbono" que constituem o orçamento são entregues a adultos, empresas e organizações. Todos os adultos recebem a mesma quota grátis, mas as empresas e organizações têm de adquiri-las em leilão promovido pelo governo.
- Toda vez que você comprar energia — eletricidade, gás ou gasolina — deverá entregar alguns de seus créditos num cartão eletrônico.
- Se precisar de mais, poderá comprá-los na bolsa nacional. Mas se foi comedido ou investiu em sistemas domésticos de economia de energia, poderá vendê-los e fazer algum

dinheiro — em caixas eletrônicos, no balcão dos bancos, em agências de correio, em distribuidoras de energia ou por acordo de débito direto com o seu fornecedor de energia.

O esquema deixa claro às pessoas como o combustível fóssil deverá ser usado no futuro. É, além de tudo, um esquema justo. "O instrumento atribui aos próprios consumidores um papel central na redução das emissões de carbono", diz David Fleming. "Ele não se distancia dos consumidores; envolve-os. É, portanto, transparente: todos sabem como o esquema funciona e como os preços são estabelecidos. Não há a sensação de que algum corpo governamental anônimo esteja manipulando os preços para os cidadãos. O esquema é deles mesmos. Impera aí o senso de justiça."

www.dtqs.org

A evolução da troca

Lojas de permuta

■ *"O dinheiro é importante demais para ficar nas mãos dos banqueiros centrais."*
— Milton Friedman

Nas sociedades tradicionais, a troca mantém as rodas da economia girando sem dinheiro. Se você planta cenouras, pode trocá-las por outra coisa qualquer de que necessitar. Os economistas, porém, não gostam da troca e ficam desesperados quando uma economia entra a tal ponto em colapso — como a da ex-União Soviética na década de 1990 — que um sistema de troca altamente complexo reaparece: por exemplo, de cenouras por pneus, por baterias de rádio, por repolhos, por gravatas, etc.

Sem dúvida, eles têm razão ao afirmar que esse sistema é muito ineficiente, pois você precisa possuir aquilo que as outras pessoas querem. Todavia, uma troca que utilize novos tipos de moeda eletrônica é bastante eficiente e está em alta no mundo todo. Os economistas mal reconhecem esse fato, as estatísticas oficiais ignoram-no e ele acaba sendo, portanto, um fenômeno pouco estudado. Mas nós sabemos alguma coisa a seu respeito:

É grande. Hoje, cobre algo em torno de 10 a 20% do comércio mundial e muito mais se incluirmos os antigos acordos de troca — conhecidos como contracomércio —, que são permutas diretas. (Um dos mais famosos acordos de contracomércio foi responsável pela colocação da vodka Stolichnaya nas lojas do Ocidente.)

Pode ajudá-lo a sair do buraco. A troca é chamada pelos economistas de "contracíclica": quando a economia desaba para a recessão, a troca fica em alta e vice-versa. Não se sabe bem por quê.

Mede melhor as coisas. A troca pode valorizar a sua mercadoria mesmo que as moedas globais pensarem que ela não vale nada. Se você cometeu a asneira de estocar dentifrício, por exemplo, ou tem quartos de hotel vagos para determinadas datas e assentos de avião prestes a expirar – ou, ainda, se deseja livrar o seu escritório de computadores do ano passado (cerca de cinco milhões de aparelhos em perfeito estado são atirados ao lixo só no Reino Unido) –, então o uso de moedas melhores talvez os valorize.

Três grandes bolsas de permuta dominam o mundo da troca: Active International, ICON International e Atwood Richards. Os seus clientes incluem mesmo duas em cada três empresas Fortune 500. Entretanto, a troca local para pequenos negócios também está crescendo rapidamente. Quase todas as bolsas emitem os seus próprios dinheiros eletrônicos, chamados dólares ou libras comerciais, como uma forma de facilitar as transações, que – por poderem ser asseguradas nos Estados Unidos – vão aos poucos adquirindo alguns atributos do dinheiro forte. Existem hoje mais de quatrocentas bolsas de troca apenas nos Estados Unidos.

A troca também vai ficando cada vez mais sofisticada. Quando uma bolsa local não consegue encontrar aquilo de que precisa, pode recorrer a uma moeda internacional chamada "universal" para adquiri-lo em outra parte. O braço britânico da empresa australiana Bartercard chega a encorajar clientes a doarem libras comerciais excedentes às obras de caridade da Polícia Metropolitana.

O ponto capital, no entanto, é o seguinte: se as maiores companhias do mundo – e algumas das menores – podem usar dinheiro de fabricação própria e beneficiar-se dele, por que o restante de nós não pode? Os economistas sustentam que essas idéias são irracionais e primitivas, mas muitas das firmas mais bem-sucedidas do mundo as estão adotando. É tempo de todos nós fazermos o mesmo.

Valor mundial da troca:	
1999	*$6,9 bilhão*
2001	*$7,9 bilhão*
Fonte: IRTA	

Terry L. Neal e Gary K. Eisler,
Barter and the Future of Money,
MasterMedia, 1996,
ISBN 1571010610

O futuro do dinheiro

Um mundo de moedas múltiplas

■ *"Espalhar a abundância num mundo sorridente."*
— Thomas Gray, *Elegy Written in a Country Churchyard*

Se você precisar de um prego de forma especial ou de um tipo diferente de chave de fenda, não se sairá mal em Lordship Lane, Dulwich: há ali uma enorme quantidade de lojinhas, onde circula dinheiro de fabricação própria. Mas ronda por ali um perigo: o plano para construir um supermercado Homebase, num dos últimos espaços verdes das vizinhanças, provavelmente afastará Lardship Lane dessa especialidade. Embora o balanço da Homebase possa exibir um grande êxito, os comerciantes locais perderão algo de muito importante.

Por que esses aspectos da riqueza não se traduzem em números? Se é verdade que o dinheiro reflete as preferências das pessoas, por que não reflete também as preferências dos moradores locais? As moedas internacionais permanecem cegas a esse tipo de riqueza: no fim, elas menosprezam o que é pequeno — o que é local e humano — e acabam eliminando tudo, exceto os serviços financeiros. As moedas não avaliam as coisas muito bem: o que elas não contemplam fica ignorado e depois esquecido. Depois, desaparece.

Pessoas diferentes precisam de tipos diferentes de dinheiro, que se comportem de modos diversos e valorizem uma multiplicidade de bens. Entretanto, precisamos também de tipos diferentes de dinheiro para aspectos diferentes de nossas vidas. Se não os tivermos, algumas áreas de nossas cidades serão prósperas e outras paupérrimas; e, do mesmo modo, algumas áreas de nossas vidas serão ricas e outras pobres.

Eis por que precisamos de uma série de moedas — bancos de tempo para lastrear a economia social, moedas locais para manter o dinheiro e os recursos circulando localmente, moedas regionais para propiciar financiamento de baixo custo às pequenas empresas. E necessitamos ainda de um conjunto de moedas experimentais baseadas em tudo, desde energia renovável até o valor das hortaliças locais.

Os economistas ortodoxos afirmam que esse negócio de moedas múltiplas jamais irá acontecer; contudo, já está acontecendo. Existem hoje nove mil moedas locais no mundo, a maioria na América Latina. Além disso, outros tipos começam a surgir — de créditos em cartões telefônicos pré-pagos a moedas que representam capacidade ociosa, quer para capacitação ou desenvolvimento social, quer para renovação econômica dos lugares. Isso sem falar no euro, que já circula até no Reino Unido.

Moedas locais podem reconhecer as habilidades das pessoas do lugar e associá-las na prestação de serviços que precisam ser feitos. As grandes moedas conseguem fazê-lo em bases continentais, mas costumam falhar em comunidades que, por uma razão qualquer, dispõem de pouco dinheiro.

O economista de vanguarda Richard Douthwaite propõe quatro moedas no interior de uma nação:

• Uma moeda internacional para o comércio entre os países que mantenha a economia global dentro da capacidade comercial do planeta.
• Uma moeda de troca nacional para comércio interno, emitida sem juros pelo banco central a fim de estimular a atividade comercial.
• Moedas controladas pelo usuário como LETS, bancos de tempo e outras capazes de embasar aspectos diferentes da vida local.
• Uma moeda de poupança a ser empregada em casas e em outros bens de capital, para ligar as economias pessoais à prosperidade da nação.

Não precisamos, porém, esperar que o governo organize tudo isso para nós. Nós já dispomos de bens suficientes, e novas moedas como os créditos de tempo podem reconhecer e valorizar os aspectos desperdiçados da vida — tempo para cuidar dos idosos e dos jovens, computadores do ano passado — dirigindo-os tendo em mira o peso enorme das necessidades humanas que nunca são reconhecidas nem avaliadas.

Sim, podemos fazê-lo nós mesmos — não sozinhos, mas em grupo. Assim, conseguiremos criar a base para a riqueza de que precisamos.

Richard Douthwaite,
The Ecology of Money,
Schumacher Briefings
Green Books, 1999,
ISBN 1870098811

Seção VII

Dinheiro Espiritual

Será o dinheiro uma expressão de saúde espiritual?
Haverá, para além dele, outra realidade que precisamos
entender? Existirá um modo misterioso pelo qual
o fluxo monetário reflita outros tipos de energia?
Quem sabe... Mas, seja como for, trata-se de outro
ângulo em nossa visão cada vez mais panorâmica
do que a riqueza deve significar...

O dinheiro existe?

Afinal, não podemos levá-lo deste mundo

■ *"Toda vez que uma criança diz 'Não acredito em fadas', em algum lugar uma fadazinha morre."*
— J. M. Barrie, *Peter Pan*

Os tempos em que se podiam guardar todas as riquezas materiais debaixo do colchão ou sob o pavimento, como o unha-de-fome Silas Marner de George Eliot, ainda não se foram de todo — embora essa nunca tenha sido uma boa idéia. Na verdade, nosso dinheiro existe: a questão é que só por breves momentos transformamos uma parte dele em moeda corrente. Pelo resto do tempo não passa de pontinhos luminosos nas telas dos computadores, estocados no ciberespaço.

Se você é rico e poderoso o bastante, esses pontinhos podem revelar-se infinitamente elásticos. O consultor de investimentos Paul Herrlinger, de Cincinnati, pedia por uma cadeia de lojas de Minneapolis, a Dayton-House, $6,8 bilhões em 1987 — cerca de $6,7 bilhões a mais que os bens da empresa. Naqueles dias difíceis, em que quase ninguém conseguia empréstimos, Herrlinger conquistou grande credibilidade e as ações da Dayton-House subiram para $10.

Depois que o seu advogado tentou evitar o desastre explicando que aquele cliente estava enfermo, repórteres de televisão perguntaram a Herrlinger se a proposta não era um embuste. O entrevistado respondeu: "Não sei. Não é mais embuste que qualquer outra coisa."

Quando o cético escritor financeiro James Grant deu ao seu livro o título de *Money of the Mind* [Dinheiro do Espírito], foi isso mesmo o que ele quis dizer. Afinal, vivemos hoje num mundo estranho, em que o empréstimo obtido no banco é considerado um bem tanto pelo credor quanto pelo devedor.

Todavia, em alguns outros sentidos, o dinheiro não existe. Muitas vezes, o nosso relacionamento com ele é a expressão do que nos vai pela mente e não um processo objetivo. Como tudo o mais na vida, se você o segura com muita força, ele escapa. Se você o dispensa — como muitas religiões nos recomendam, quando não nos exigem o "dízimo" — ele, de algum modo, parece voltar (ver p. 177).

Também sabemos até que ponto os mercados dependem da confiança para valorizar as ações (ver p. 43). O valor das ações ou das moedas depende do humor, do tempo e daquilo que os comerciantes acham que vai acontecer. A fé cria riqueza; em outras palavras, mantém o edifício de pé, do contrário não confiaríamos uns nos outros para trocar dinheiro. A fé cria dinheiro; o ceticismo sacode-o pelas bases.

Nesse sentido, a dívida (*debt*) é uma séria doença espiritual — localizada entre o ter e o não-ter —, próxima da palavra morte (*death*) da qual deriva. Também nesse sentido, a importância do dinheiro não reside na sua substância — no cerne da maior parte das moedas, hoje em dia, existe considerável dívida do governo— e sim na energia que está por trás dele. Moeda (*currency*) vem do latim *currens*, "circular". Daí seus efeitos.

Quando acreditamos no dinheiro e temos relacionamentos uns com os outros, ele circula e a riqueza cresce. Em si mesmo, guardado no banco, mal se pode dizer que o dinheiro exista.

"É preciso uma aldeia para criar uma criança. É igualmente preciso uma aldeia para criar dinheiro", escreveu o biólogo budista José Reissig. "Tomar consciência disso é dar um passo crucial rumo à plenitude da vida. O dinheiro não pode existir por si próprio, pois não tem valor ou significado independente de nós. Em suma, a equação é muito simples: nós somos o dinheiro."

Deepak Chopra,
Creating Affluence: The A to Z Guide to a Richer Life,
Bantam Press, 1999,
ISBN 0593044959

Dar tudo

A emoção da filantropia

■ *"Quem não dá o que tem, não ganhará aquilo de que precisa."*
— Henrique III, que mandou pintar essa frase em cima da porta da Painted Chamber do palácio de Westminster

Um milhão de americanos deverão herdar, cada um, $1 milhão ou mais nos próximos vinte anos. O montante aterrador de $8.000 bilhões — o cabedal de todos os americanos com mais de 50 anos — passará de uma geração a outra dentro de trinta anos mais ou menos.

O problema deu origem a organizações empenhadas em assessorar pessoas que herdaram fortunas — inclusive o Funding Network em Londres, o Money Meaning and Choices Institute em San Francisco e o Impact Project em Boston, que na verdade encoraja essas pessoas a renunciar ao dinheiro. Foi fundado por Anne Slepian e Christopher Mogil, que percebeu ter herdado muito dinheiro em 1978, quando a secretária de seu corretor telefonou para perguntar-lhe se tinha algo a dizer sobre o seu portfólio. "Fiquei assustado ao indagar-me se merecia semelhante privilégio", escreveu ele. "Seria eu egoísta, mimado e inseguro quanto ao trabalho? No fundo, a questão era simples: deveria eu renunciar à minha fortuna?"

Entre os que deram esse passo decisivo contam-se Millard Fuller, fundador da Habitat for Humanity, o qual deu tudo o que havia ganho para persuadir sua esposa a voltar ao lar; Robbie Gamble, herdeiro da Procter & Gamble; e Ben Cohen, da empresa de sorvetes Ben & Jerry's, que tenta dar tanto quanto gasta. Em 1986, ele dispôs de $500.000 em ações para criar a Ben & Jerry's Foundation.

Mesmo o nababo da televisão Ted Turner doou $1 bilhão para projetos das Nações Unidas. Thomas Monaghan, fundador da Domino Pizza, vendeu a empresa por quantia semelhante e a doou depois de ler o livro de C. S. Lewis *Mere Christianity*. Houve também James Rouse, o inventor do "*shopping mall*" e do "*festival marketplace*".

"Quem me criou foi uma mulher negra chamada Gussie, da zona sul de Chicago", escreveu Edorah Frazer, professora que doou $450.000 — 75% de sua herança — quando estava na casa dos 20. "Ela trabalhou para a minha família até eu entrar no colégio. Sempre notei que as suas roupas eram diferentes e que andava de ônibus enquanto nós íamos de carro. A primeira percepção que tive das diferenças de classe deveu-se à sua presença em nossa casa."

Edorah renunciou à sua riqueza espalhando pilhas de certificados de ações dois dias antes do Natal. "Chovia. Do outro lado da rua, avistei dois homens do Exército de Salvação com um caldeirão e agitando um sino. A chuva me molhava e comecei a chorar. Aquilo me parecia muito limpo, muito simples. Embora feliz, pensei: 'Estou sozinha. Eu gostaria de ter feito algo assim em companhia de alguém'. E logo em seguida: 'Não, é melhor que não o tenha feito, pois trata-se de um ato muito individual. Tomei a decisão por mim mesma.

Essa é a minha história.' Cruzei então a rua, tirei todo o dinheiro da carteira e depositei-o no caldeirão do Exército de Salvação."

Dar tudo é um tema recorrente em todas as religiões, muitas das quais incentivam os seus fiéis a entregar pelo menos 10% do que ganham (o "dízimo"). Afirmam alguns que esse ato de generosidade libera energias com relação ao dinheiro e que, quando se começa a contribuir, ele pode voltar para as mãos do doador com mais facilidade. Isso, sem dúvida, é economicamente ilógico, mas muitas coisas que funcionam também o são.

Segundo a tradicional visão cristã, os bens devem pesar sobre os nossos ombros apenas como um manto leve, que se pode deitar fora. Infelizmente, o manto se transformou numa jaula de ferro, disse o pioneiro da sociologia Max Weber. Eis por que, paradoxalmente, dar dinheiro pode nos tornar mais ricos.

Christopher Mogil e Anne Slepian, *We Gave Away a Fortune*, New Society, 1992, ISBN 0865712212

Minimização

Simplicidade voluntária

■ *"A vida se dispersa em detalhes...
simplificai, simplificai!"*
— Henry David Thoreau, *Walden*

O guru da administração Charles Handy conta que encontrou numa festa uma bonita garota que se dizia roteirista *free lance* de TV, para logo descobrir que ela até então só vendera uma história. "Mas o que você faz para ganhar dinheiro?", perguntou Handy. "Bem, para ganhar dinheiro eu embalo ovos no fim de semana."

O que ele queria dizer era que as pessoas estão cada vez mais se definindo, não por seus empregos, mas por seus sonhos — ou outra coisa qualquer. E, para muitas, os sonhos não incluem estafar-se a fim de ganhar mais dinheiro que os vizinhos. Elas podem estar deliberadamente ganhando apenas o bastante para viver como bem entendem.

De muitos modos, sociedades aparentemente ricas exibem uma pobreza oculta e um tranqüilo desespero. "As pessoas se sentem muito vazias e andam à cata de paixões mais profundas do que as proporcionadas pela acumulação material ou pelas associações vicárias com símbolos de *status* e gente que os representa", afirmou o futurólogo americano Gerald Celente. O fenômeno da minimização surgiu daí.

A mera existência de "minimizadores" é outro prego no caixão das teorias econômicas segundo as quais todos nós estamos o tempo todo tentando maximizar a nossa renda. É também um testemunho da crescente resistência à competição acirrada. Mesmo no auge da euforia no país mais rico do mundo, os Estados Unidos, aconteciam sete mil bancarrotas por hora durante o período de trabalho e as pessoas engoliam antidepressivos a uma taxa alarmante.

Sempre houve gente como Henry David Thoreau ou Tom e Barbra Good, de *The Good Life* [A Boa Vida], mas a última geração de minimizadores foi lançada por Duane Elgin, o autor americano do influente livro *Voluntary Simplicity* [Simplicidade Voluntária]. Ele definiu a minimização como "a escolha deliberada de viver com menos, na crença de que mais vida voltará para nós no processo".

A minimização, nos anos 1990, significava menos ocupações, mais tempo de lazer e uma vida mais autêntica – o que, usualmente, queria dizer dar aos relacionamentos uma importância maior em nossa existência. Essa definição singela de minimização implica que um quarto da população americana e britânica constitui-se de "minimizadores" num sentido qualquer.

Mas, de todos os minimizadores, a mais fanática foi Amy Dacyczyn. Ela e o seu marido Jim trabalhavam há vinte anos – ela como desenhista gráfica, ele na marinha dos Estados Unidos –, mas só haviam conseguido juntar $1.500. Resolveram então não gastar dinheiro com excessiva imaginação e entusiasmo. Depois de sete anos, tinham economizado $49.000 do salário de Jim e compraram uma casa de campo no Maine. Mais: Amy registrou as suas idéias numa circular intitulada *The Tightwad Gazette* para que outras pessoas pudessem beneficiar-se das suas descobertas, que incluíam:

- Evite maquilar-se quando não for receber visitas.
- Quando ferver água, despeje o excesso numa garrafa térmica para não ter de gastar energia fervendo-a de novo.
- Aumente a quantidade da margarina com leite desnatado.

Em meados da década de 1990, ela fizera tanto sucesso com *The Tightwad Gazette* que, ironicamente, ficou rica o bastante para aposentar-se. Quando foi incluída pela primeira vez na revista *Parade*, recebeu inúmeras cartas. Duas outras organizações que também fizeram muito para estimular a vida simples são:

The New Road Map Foundation, o instituto de pesquisa fundado em Seattle por Joe Dominguez e Vicky Rubin, co-autores do *bestseller Your Money or Your Life* [Seu Dinheiro ou Sua Vida], que explica como viver uma vida mais simples e mais independente; o livro também fez uma rápida aparição no filme *Beleza Americana* (www.newroadmap.org).

Adbusters, que lançou em Vancouver uma campanha contra a propaganda enganosa e a lavagem cerebral, produzindo cartazes extraordinários, desenhados por executivos de publicidade à noite (www.adbusters.org).

Essas organizações, entre outras, produziram um dos mais vigorosos movimentos mundiais, uma crítica ao modo como o dinheiro pode solapar a "verdadeira riqueza", o rancor espiritual que anima a campanha antiglobalização e um guia minucioso para se fazer algo a respeito nas nossas próprias vidas — para ter mais abundância de vida.

> *Número de europeus que estão deliberadamente cortando salários ou horas de trabalho: 12 milhões.*
> *Número dos que renunciaram completamente à competição acirrada: 2 milhões.*
>
> *Fonte: Datamonitor, 2003*

Polly Ghazi,
The 24-hour Family: A Parent's Guide to the Work-life Balance,
Women's Press, 2003,
ISBN 0704347636

Consumo ético

Vigilantes nos corredores dos supermercados

■ *"Viver significa comprar, comprar significa ter poder, ter poder significa cumprir deveres."*
— Lema da National Consumer League, século XIX

A idéia segundo a qual as pessoas gostariam de investir em compras éticas e não em compras mais baratas era anátema para os defensores do livre mercado; no entanto, o sucesso de *Green Consumer Guide*, de John Elkington e Julia Hailes (1988), revelou toda a sua amplitude. Quando os supermercados descobriram que cerca de 40% de seus fregueses estariam dispostos a adquirir produtos 'éticos' — frescos, orgânicos e a preço justo —, apressaram-se a atendê-los.

O fenômeno começou com o boicote a produtos sul-africanos na época do *apartheid* e ganhou força com o Marine Stewardship Council (pescado em conserva), o Forest Stewardship Council (madeira sustentável) e a Ethical Trading Initiative (contra a exploração no trabalho). O advento da comida orgânica, do papel reciclado, do café barato e das lâmpadas econômicas é uma prova do poder do consumidor ético.

O consumismo ético, porém, só chegou até aqui. Ele pode punir empresas — como de fato puniu a Esso por tentar revogar o acordo de Quioto. Às vezes, faz aparecer produtos mais "baratos" nas prateleiras, mas as pessoas ainda só conseguem escolher a melhor oferta. Ele deixa intactas as estruturas básicas, a propaganda falaciosa e os *shopping centers* de periferia, que promovem aumento de consumo de combustível. Mesmo assim houve alguns êxitos:

• A gasolina com baixo teor de chumbo é hoje líder de mercado.

• O consumo de alimentos orgânicos vem crescendo a uma taxa anual de 25% no Reino Unido. Esse mercado, juntamente com produtos mais baratos, aumentou em cerca de um quarto entre 2001 e 2002.

• As hipotecas "verdes" aumentaram em mais de 50% apenas no ano de 2002.

• Ovos de galinhas caipiras vão se tornando cada vez mais populares, embora o mercado de ovos esteja de um modo geral em queda.

• O atum do tipo *dolphin-friendly* é praticamente o único encontrado no comércio do Reino Unido.

O mercado ético britânico gera atualmente cerca de £6,8 bilhões ao ano e continua a crescer num mercado global de cerca de £350 bilhões. O consumo ético pode conduzir também a idéias mais sofisticadas, como:

• Cooperativas de consumo à semelhança do Clube Seikatsu de Tóquio, fundado por um pequeno grupo de donas de casa em 1965 para trazer à cidade leite de qualidade melhor. Organizado por ruas, o clube alcançou uma cifra de adesão de seis dígitos, administrando a sua própria padaria e um conjunto de fazendas. O clube consegue até mesmo eleger membros para o governo local com o lema "reforma política a partir da cozinha".

Agricultura comunitária, iniciada nos Estados Unidos. Famílias pagam uma subscrição aos fazendeiros locais para obter regularmente produtos frescos. Isso assegura ao fazendeiro uma boa renda quando ele mais precisa dela: antes de vender a sua safra.

Pratos lentos, movimento idealizado por Carlo Petrini em resposta à inauguração da McDonald's na Piazza di Spagna, Roma, em 1986. Os adeptos, de seu quartel-general em Bra, no Piemonte, ao pé dos Alpes — região conhecida por suas trufas e seu vinho tinto —, assumiram desde então a causa dos carneiros de cauda longa de Laticauda, dos porcos de Siena, dos abricós do Vesúvio e de muitos outros alimentos já quase esquecidos.

www.ethicalconsumer.org

Investimento ético

O dinheiro como moral

■ *"O que o seu dinheiro vai fazer esta noite?"* — Circular da Self-Help Association for a Regional Economy in Great Barrington, Massachusetts

De certo modo, a melhor aquisição ética — que mais desafia os pressupostos tradicionais de mercado — é investir eticamente: não onde se obtém mais lucro, mas onde se pode melhorar o mundo.

A idéia de que você precisava obter os lucros mais elevados independentemente da moral — coisa em que muitas instituições de caridade ainda acreditam — sempre foi ridícula. Essas ditas responsabilidades forçaram organizações antitabagistas a investir em fábricas de cigarros, pacifistas a investir em fábricas de armas. Até a Igreja da Inglaterra — cujos comissários eclesiásticos repetiam sem parar que eram legalmente obrigados a buscar os lucros mais polpudos — acabou investindo no Canal Playboy.

Hoje, de ambos os lados do Atlântico, um número maior de pessoas está refletindo cuidadosamente em seu capital, para assegurar-se de que seja investido a fim de tornar o mundo um lugar melhor — ou, pelo menos, não pior. Um grupo de Metodistas da Nova Inglaterra pôs a bola em jogo em 1971, durante a guerra do Vietnã, criando o fundo mútuo Pax World, que não aplicava em armas. Hoje, seu valor alcança $9 bilhões.

No Reino Unido, o investimento ético começou formalmente em 1984, com os Friends Provident. Sua unidade ética era conhecida na *City* londrina como "Fundo Brasil" por ser considerada um pouco "maluca"; entretanto, no primeiro ano, encabeçava a lista dos dez melhores desempenhos e, atualmente, possui £3,5 bilhões investidos eticamente na Grã-Bretanha.

O investimento ético amadureceu nos últimos anos graças ao lançamento do FTSE4 Good Index of Ethical Stock e de sua variante americana, os Dow Jones Sustainable Indexes. Ele se beneficiou também de novas regulamentações que exigem dos fundos de investimento uma declaração de seu posicionamento ético, se algum houver — o que levou inúmeros fundos a tornar-se mais éticos que antes. (Existem hoje cinqüenta fundos absolutamente éticos.)

Contudo, uma das peculiaridades do mundo do investimento ético é que ele pode significar um leque de diferentes técnicas, incluindo:

Melhoria do setor de investimentos (como FTSE4Good), o que implica escolher a companhia que se comportar melhor em cada setor e investir nela. Assim se aplicará em firmas que sejam éticas de fato e não apenas por esforço de imaginação, como as grandes companhias de petróleo — pois isso dependerá inteiramente da fase de desenvolvimento do resto do setor.

Investimento ético positivo, que selecione com cuidado as companhias éticas que merecerão receber aplicações.

Envolvimento ético, que significa exatamente o inverso: descobrir as companhias que não sejam éticas o bastante e incentivar os acionistas a pressioná-las.

O investimento ético está se tornando político por direito próprio. Afinal, investir nas melhores empresas de um setor será realmente ético? Algumas companhias que recebem investimentos éticos podem comportar-se bem dentro de certos parâmetros — digamos, tratando bem os funcionários —, mas terem um produto básico às vezes não-sustentável. As companhias de petróleo, por exemplo. Ou a British Nuclear Fuels. Em 2001, o Dow Jones Sustainable Index rebaixou 46 empresas, inclusive a Disney; mas o FTSE4Good, nenhuma.

O resultado é que a vasta maioria dos fundos éticos do Reino Unido investe só em algumas ações (inclusive Abbey National e Vodafone) — não exatamente éticas, mas que pelo menos evitam coisas como fumo e armas. O investimento ético precisa ir mais longe e a próxima etapa da campanha deverá incluir:

Maior empenho dos acionistas. Quando executivos-chefes ganham milhões imerecidamente, os acionistas não conseguem pressionar.

Emissão mais ética de ações a fim de levantar capital para projetos éticos. A Ethical Property Company conseguiu levantar £4,2 milhões em 2002 emitindo papéis com vistas a abrir mais espaço de trabalho para organizações de "mudança social".

Mais bancos éticos. O Triodos Bank tem hoje filiais em quatro países europeus, emprestando apenas para empresas e projetos éticos. O Aston Reinvestment Trust e a London Rebuilding Society canalizam dinheiro dos fundos de investimento apenas para as áreas que mais precisam dele; e outros bancos de grande porte — como o Co-operative Bank — estão instalando a ética no âmago de tudo o que fazem.

Mais emissões de letras locais. Os governos locais não podem emitir letras para levantar o seu próprio capital no Reino Unido — motivo pelo qual se mostram tão pateticamente dependentes do governo central. Nos Estados Unidos, porém, letras locais para capital destinado à construção civil são tão seguras que constituem o elemento-chave nas aposentadorias de muitas pessoas.

Fundos de investimento ético no Reino Unido:	
1989	£199 m
1995	£792 m
1999	£2.447 m
2002	£4.025 m

www.ethicalperformance.com

Terapia da cobiça

A base do problema

■ *"Uma morbidez um tanto repelente, com inclinações semicriminosas e semipatológicas que a pessoa comunica com sobressalto aos especialistas em doenças mentais."*
— J. M. Keynes sobre o amor ao dinheiro

É lugar-comum já antigo dizer que há no planeta o bastante para as necessidades de todos, mas não para a sua cobiça. Ora, na prática é muito difícil separar as duas coisas porque a cobiça às vezes constitui simplesmente a expressão do medo que as pessoas têm de ficar sem o indispensável.

A verdade é que o dinheiro representa muito mais do que está escrito nele. Para a maioria de nós, está ligado por estranhos nós subconscientes ao amor, à segurança, à liberdade, ao poder e à auto-estima. Isso ocorre em parte porque nunca aprendemos — ou não acreditamos de todo — que ele seja apenas o meio para um fim e não para todos os fins.

As conseqüências da cobiça e dos seus excessos estão à nossa volta. Pais americanos andam comprando mini-Range Rovers ($18.500) totalmente equipados para seus filhos no Natal ou reproduções em tamanho natural de Darth Vader ($5.000), quando não pagam $250.000 por um *barmitzvah* em Manhattan.

Entretanto, a cobiça pode não ser bem o que parece. Não é saudável precisar de mais, de sempre mais, e os ricaços costumam sentir um medo pavoroso da pobreza que os obriga a ir em frente quando qualquer criatura humana normal se sentaria e gozaria a vida. Resultado: "o dinheiro e o tempo são os fardos mais pesados da existência", segundo Samuel Johnson, "e os mortais mais infelizes são aqueles que possuem de um deles mais do que sabem usar."

Eis por que está surgindo um novo tipo de terapia para ajudar pessoas a lidar com os seus problemas de dinheiro. Essa terapia às vezes trata da cobiça — embora chamar-se alguém "terapeuta da cobiça" não encoraje os clientes —, mas poderá ajudar a combater as neuroses do dinheiro e o modo como elas nos afastam dos nossos semelhantes.

Não raro, isso significa enfrentar as crenças mais enraizadas. Nem a idéia de que dinheiro significa segurança na velhice é inteiramente verdadeira: muitos anciãos seguros nem sempre são financeiramente independentes; eles apenas sabem que fazem parte de uma família solidária e de uma boa vizinhança (ver p. 79).

Em muitos casais, por exemplo, um dos cônjuges faz o papel do poupador e o outro, do gastador — trocando de papel em diferentes relacionamentos. Às vezes, no fundo, admiram no parceiro a capacidade de poupar ou gastar, porém não o admitem, para que ambos não percam o controle ou caiam na miséria.

Eis o ponto principal: na verdade, dinheiro não é amor nem segurança. E se os seus clientes ignoram isso, você ainda tem tempo para defender uma idéia nova dos economistas radicais, a de uma "taxa adicional de consumo" de 70% sobre luxos extravagantes, como o mini-Range Rover.

Se você der mais, concentrar-se no que possui e construir a sua auto-estima, não será mais tão obsessivo com relação ao dinheiro — e talvez isso seja o início da verdadeira riqueza.

Dorothy Rowe,
The Real Meaning of Money,
HarperCollins, 1997,
ISBN 0006381227

Alquimia

O engodo da pedra filosofal

▪ *"A única coisa que o dinheiro não pode comprar é a intenção."*
— Jacob Needleman

O pioneiro da química no século XIII, Rogério Bacon, explicou que a alquimia "nos ensina a tornar melhores e mais copiosos pela arte do que o são pela natureza os metais nobres, as cores e muitas outras coisas". Ela é mais importante do que as outras ciências, prossegue Bacon, "porque produz bens úteis, proporcionando não apenas capitais para o Estado como meios de prolongar a vida".

Em resumo, a alquimia ocupava-se de mudança — mudança e aperfeiçoamento de pessoas tanto quanto de metais. Ela versava sobre o uso daquilo que temos para gerar riqueza em seu sentido mais amplo. À medida que a Idade Média avançava, a alquimia ia atraindo também alguns protestantes radicais. Alquimistas como o misterioso Paracelso — o qual corria a Europa envergando um casaco berrante que nunca lavava — inspiraram uma revolução protestante contra a velha ordem de autoritarismo e controle.

Esses homens desafiaram as antigas certezas da medicina e da política com os seus sonhos de uma "revolução química" que redimiria a humanidade, atacando monopólios e colocando tanto o poder quanto o conhecimento médico nas mãos de pessoas comuns. Hoje, cinco séculos depois, começa a aparecer uma nova alquimia, interessada em descobrir como usar os bens singelos que nos cercam — habilidades, solidariedade, talentos, recursos esquecidos que a economia bitolada não reconhece — para melhorar a vida. Essa é uma prova, em todos os níveis da sociedade, de que trabalhando juntos podemos produzir o equivalente do ouro.

Trata-se de um outro tipo de revolução protestante, a afirmar que a solução do problema não é entregar ainda mais poder aos sacerdotes (os banqueiros) para criarem dinheiro para nós, e muito menos ao rei (o governo) — mas encontrar meios de criarmos, nós próprios, o dinheiro de que necessitamos. Essa revolução reconhece também que, para significar alguma coisa, a palavra "riqueza" terá de ir muito além do simples dinheiro.

www.levity.com/alchemy

Conclusão

■ *"Quando nos permitirmos ignorar o balanço de um contador, começaremos a mudar a nossa civilização."*
— John Maynard Keynes, 1933

■ *"O nosso medo mais profundo não é a nossa impotência. O nosso medo mais profundo é o excesso do nosso poder."*
— Nelson Mandela, 1994

Então, o que faremos disso tudo? Se você puder resumir as várias mensagens deste livro — e o dinheiro, afinal, imiscui-se na totalidade da vida humana —, conseguirá provavelmente o seguinte:

1. Há um problema moral básico quanto ao modo como usamos o dinheiro. Ele não é imoral, mas amoral; valoriza coisas sem importância (franquias McDonald's, câmbio, títulos) e subestima as que realmente importam (família, comunidade, enfermeiras).

2. Por causa disso, tende a eliminar o que é bom na sociedade e crucial para as nossas vidas. As grandes moedas sufocam a variedade, a diversidade, a criatividade — e só privilegiam o dinheiro. Se você não acredita em mim, considere o exemplo de Jersey.

3. O dinheiro parece estar sumindo — ao menos para as coisas importantes da vida — porque investimentos inúteis, mas lucrativos onde dinheiro fabrica dinheiro sugam-no todo. O necessário para as coisas reais desaparece.

Em suma, a conclusão é a mesma de Ruskin: a única riqueza é a vida. O perigo, porém, vai se tornando mais óbvio a cada ano. Pessoas que desejam editar livros, plantar cevada ou vender alimentos agora têm de aproveitar brechas para fazer isso — e com as migalhas que são os subprodutos da especulação, do carrossel financeiro que gira sobre as suas cabeças e não produz nada de concreto. Um dia, isso não será mais possível.

Trata-se de um problema muito prático, mas também e acima de tudo, moral — que nenhum acervo de leis consegue resolver. Pessoas de todas as idades confundem dinheiro com valor real e, talvez, vão confundir sempre. Conseguiremos acaso ensiná-las a evitar semelhante confusão e apontar-lhes as conseqüências?

Importa muito que compreendamos a nossa própria responsabilidade com relação ao dinheiro. O "pecado original" dos juros pode estar devastando o meio ambiente porque exige elevadas taxas de crescimento e lucro; mas muitos de nós estamos igualmente implicados no processo com as nossas economias, hipotecas e pensões.

O dinheiro não é um bom sistema de mensuração como pretende ser. Ele mede bem o sistema financeiro e aquilo que os mercados globais julgam importante, mas muitíssimo mal o que de fato importa para as pessoas comuns. E, quando se trata dos elementos fundamentais da vida, mostra-se praticamente cego.

Que se pode fazer a respeito? Talvez persuadir o governo a emitir mais dinheiro livre de juros em vez de permitir que os bancos o criem todo. Ou talvez insistir, mediante leis ou taxas, em que os custos totais das empresas se reflitam nos preços, em que os subsídios a atividades insustentáveis cessem e em que os poluidores paguem por seus danos. Podemos encontrar meios de fazer o dinheiro circular melhor nas comunidades locais sem escapar para as mãos de especuladores e empresas distantes. E, a bem do argumento, garantir que ninguém receba mais de cem vezes o que qualquer outro recebe. Não é exigir muito, é?

Tomemos cuidado com as soluções milagrosas que parecem capazes de resolver tudo, sejam elas um imposto fundiário ou uma reforma monetária. Haverá sem dúvida espaço para ambas, mas sozinhas elas não mudarão o mundo. A lei das conseqüências inesperadas pesa sobre as soluções parciais e especialmente sobre a idéia de que devemos centralizar o suprimento de dinheiro para que só o governo ou os seus representantes escolhidos possam criá-lo.

Centralização e monopólio sempre se encaminharam para a tirania e a monocultura, o que é também um problema do dinheiro.

Um dos modos de resolver o problema do dinheiro é reintroduzir a diversidade. As grandes moedas, os grandes sistemas globais tendem para a monocultura; expulsam tudo o que é diferente: outras línguas, outras culturas, outras espécies. Uma economia humana e real implica diversidade de sistemas de mensuração, ou seja, diversidade de tipos de dinheiro — não contidos por fronteiras nacionais, mas sobrepostos a elas.

Por isso, a meu ver, o futuro do dinheiro reside em moedas múltiplas que lastreiem aspectos diferentes de nossas vidas. O dólar americano circula praticamente pelo mundo todo — na verdade, um terço das cédulas de dólar circula fora dos Estados Unidos — assim como o euro já começa a circular na Grã-Bretanha. Contudo, precisamos de mais: moedas locais, moedas "verdes", moedas de pequenas empresas, moedas de lealdade, moedas de tempo, moedas municipais, etc. — a fim de proporcionar a lugares e pessoas comuns que não se adaptam ao espalhafatoso mundo novo da globalização aquilo de que elas precisam para preservar a vida.

O futuro do dinheiro dependerá de todos nós o criarmos em quantidade suficiente para as nossas necessidades. A cupidez gera a inflação, mas a diversidade de moedas nos permitirá superar esses problemas.

Há também coisas que, como indivíduos, podemos fazer para combater o sistema monetário naquilo que ele tem de mais corrupto, coisas que dizem respeito à urgência de tornar reais e humanos de novo os lugares, a riqueza e o dinheiro:

Riqueza humana e real

Não podemos, sozinhos, modificar o valor do dinheiro na mentalidade alheia. Mas podemos comprar e investir tendo em vista o que é mais humano. Podemos comprar itens fabricados localmente por artesãos e pequenos empresários ou aplicar em projetos de ajuda a essas pessoas — não onde os consultores financeiros e os corretores nos querem induzir a aplicar. Podemos adquirir bens a preços de custo diretamente das comunidades que os produzem. Devemos recorrer à nossa intuição e descobrir quais são os monstros que administram as marcas globais, retirando o nosso apoio às empresas que assolam a Terra e os seus habitantes. Temos um pequeno voto no mercado global — o nosso poder de compra — e devemos usá-lo.

Lugares humanos e reais

Podemos escolher o que fazer de nossas ruas e cidades, empregando para tanto o nosso tempo e dinheiro. Se quisermos, evitaremos as lanchonetes e supermercados, optando por restaurantes e lojas de proprietários locais. (E se não conseguirmos escapar de todo às lanchonetes e máquinas eletrônicas, poderemos ao menos conversar um pouco com os pobres e desumanizados funcionários por trás do balcão.) No caso dos supermercados, devemos exigir que ofereçam uma quota de frutas e legumes da região onde estejam operando.

Dinheiro humano e real

Talvez não nos seja possível evitar a desmaterialização do dinheiro, mas isso não vem muito ao caso. Poderemos, de qualquer modo, ajudar a disseminar novos tipos de dinheiro para embasar um mundo diversificado. Poderemos inovar com os sistemas de pontuação das grandes empresas, empregá-los de outras maneiras ou doá-los a instituições de caridade. Nada nos impede de usar moedas locais e, à falta delas, fazer trocas ou doações. E que tal nos associarmos ao banco de tempo local ou a qualquer sistema que apóie e financie a produção da região?

Vida humana e real

De novo, não podemos nos insurgir sozinhos contra o peso do sistema, mas podemos, modificando o nosso modo de viver, desaprová-lo e talvez incentivar outras pessoas, pelo exemplo, a fazer o mesmo. Devemos patrocinar a simplicidade e a criatividade. Colocar os relacionamentos e os atos criativos um pouco mais alto em nossa lista de prioridades. Dar mais e, quem sabe, até aceitar mais em troca. Prestar serviços gratuitos, surpreender pessoas com a nossa independência em relação ao mundo financeiro. Enfim, descobrir e reverenciar nos outros — e em nós mesmos — a riqueza interior que o mercado despreza.

Essas são coisas difíceis de fazer, tanto para mim quanto para qualquer pessoa. É provável que não transformemos o sistema financeiro, mas sem dúvida nos sentiremos mais "ricos" em conseqüência da nossa atitude.

David Boyle
Crystal Palace